COLLECTION FOLIO

René Frégni

Je me souviens de tous vos rêves

Gallimard

© *Éditions Gallimard*, 2016.

Né le 8 juillet 1947 à Marseille, René Frégni déserte l'armée après de brèves études et vit pendant cinq ans à l'étranger sous une fausse identité. De retour en France, il travaille durant sept ans comme infirmier dans un hôpital psychiatrique avant de faire du café-théâtre et d'exercer divers métiers pour survivre et écrire. Depuis plusieurs années, il anime des ateliers d'écriture dans la prison d'Aix-en-Provence et celle des Baumettes.

Il a reçu en 1989 le prix Populiste pour son roman *Les chemins noirs* (Folio n° 2361), le prix spécial du jury du Levant et le prix Cino Del Duca en 1992 pour *Les nuits d'Alice* (Folio n° 2624), le prix Paul Léautaud pour *Elle danse dans le noir* en 1998, le prix Antigone pour *On ne s'endort jamais seul* en 2001 et le prix Nice Baie des Anges pour *Tu tomberas avec la nuit* en 2008.

*Pour ma mère
qui m'a apporté les premiers mots,
dans les rues et les collines de Marseille
et qui m'accompagne
sur toutes les petites routes bleues de mes cahiers.*

Pour Nicole qui est le miroir de ces mots.

« Où je vais personne ne va, personne n'est jamais allé, personne n'ira. J'y vais seul, le pays est vierge et il s'efface derrière mes pas. »

Jean Giono, *Journal*

« La grande fatigue de l'existence n'est peut-être en somme que cet énorme mal qu'on se donne pour demeurer vingt ans, quarante ans, davantage, raisonnable, pour ne pas être simplement, profondément soi-même, c'est-à-dire immonde, atroce, absurde. Cauchemar d'avoir à présenter toujours comme un petit idéal universel, surhomme du matin au soir, le sous-homme claudicant qu'on nous a donné. »

Louis-Ferdinand Céline,
Voyage au bout de la nuit

« Je vais m'acheter un cheval et partir trafiquer dans l'inconnu. »

Arthur Rimbaud

SEPTEMBRE

Chaque année en septembre j'ai peur de mourir, alors j'achète un cahier. J'ai peur de mourir depuis l'âge de cinq ans, tous les jours, à chaque heure du jour et encore plus au milieu de la nuit, quand je vais aux toilettes sans allumer. Si j'allumais j'aurais encore plus peur.

En septembre c'est beaucoup plus cruel. C'est si beau septembre, si limpide, si bleu. Chez nous, ici, c'est le plus beau mois de l'année. Ce n'est pas un mois, c'est un fruit.

L'après-midi je vais au bord des rivières, cueillir des mûres sauvages. À travers les infranchissables ronciers j'entends les derniers cris d'enfants qui glissent dans le courant sur de noires chambres à air de tracteur. Ils sont libres comme l'eau verte qui file entre les roseaux, aussi sombres que le caoutchouc où ils s'agrippent de tous leurs ongles, encore immortels.

Les ronces déchirent mes bras, mes mains. Je suis vivant. Je suis vivant parce qu'un cahier m'attend, vierge encore, blanc. Il est posé sur la table de ma cuisine et il m'oblige à être vivant. Il m'attend comme un enfant. Je ne lui apporte que les mots d'une mère à son enfant. Il a besoin de moi pour se mettre à vivre.

Un jour je ne serai plus là pour sentir sur ma peau toute la beauté de septembre, son immense douceur, tous les mots que je trouve en marchant sur les galets brûlants des rivières ou dans la poussière des champs.

Après le 15 août, les amandes s'ouvrent et tombent au bord des chemins. Deux ou trois frelons tournent autour des plus hauts rameaux puis se glissent dans le tronc creux de ces arbres que personne n'a plantés et qui se demandent depuis cent ans comment ils sont arrivés là.

Septembre est le mois des amandes, des noisettes, des noix. On n'a qu'à s'asseoir sur les talus et les casser entre deux pierres, ou remplir ses poches et les ramener chez soi, comme un écureuil. Le figuier est moins intrigant, il se choisit une ruine et s'installe dedans. Je connais toutes les ruines des collines, les bergeries abandonnées, le tas de pierres d'un ancien pigeonnier, chacune a son figuier. Je suis le voyageur de septembre, je saute d'une ruine à l'autre, et dans la chaleur de ces longs après-midi de fin d'été, j'ouvre avec mes deux pouces ces fruits bouillants, mille graines d'or scintillent dans un sucre pourpre.

C'est comme ça que j'écris maintenant. Maintenant que je vis seul, maintenant que je vieillis.

J'écris dans des ruines, à trois heures de l'après-midi, dans l'immense silence bleu des collines.

Chaque jour je prends la route, n'importe quelle route, comme on ouvre un cahier neuf. J'écris un mot, je fais un pas. Au pas suivant j'attrape un autre mot, puis un autre. C'est sans fin une route, comme les mots qui laissent une trace de pas dans la clarté de la page. Si vous écrivez un premier mot les pas vous emmènent dans un monde où les songes n'ont pas de fin.

Je pars souvent de bonne heure, sur une petite route qui s'enfonce dans une vallée. Je marche sous des peupliers d'or au bord d'une rivière. Puis la route s'élève à flanc de coteau. Certains vergers rougissent déjà, il y a dans l'air une odeur de coings, de bois mouillés, la cloche d'un troupeau.

Je traverse deux ou trois villages accrochés à la pente, avec leur fontaine, leurs roses trémières qui regardent par-dessus les murs, le petit cimetière un peu plus haut sous la rouille des hêtres.

Pendant des kilomètres je ne vois personne. J'entends une hache, un chien, un fusil qui claque, le cri rauque des corbeaux. Très loin dans la plaine toutes les villes changent, se couvrent de poussière, disparaissent sous des brumes ocre et chimiques qui piquent les yeux. J'aime retrouver mon enfance dans ces petites vallées aussi fraîches que des fontaines.

Vers midi j'entre dans une auberge ou le bistrot de la route : le Relais des Gorges, le Bar des Boulomanes ou tout simplement Chez Ginette.

Une femme sort de la cuisine et s'avance vers moi. Toutes les femmes qui sont venues vers moi s'essuyaient les mains avec un torchon. Les touristes sont partis, on peut se servir d'un torchon. Elles sont très brunes ou rousses, et en cette saison on aperçoit, à travers leur chemise légère, la fleur obscure de leurs seins. Elles glissent derrière le comptoir et lorsqu'elles lèvent leurs bras pour arranger leurs cheveux, je vois leurs belles aisselles pâles que l'été n'a pas touchées. Elles suivent mon regard avec gourmandise.

On fait un brin de causette. Elles peuvent être très fortes sur de fines chevilles ou belles comme des fruits. La malice et l'ennui dessinent leur bouche. Une odeur de daube ou de soupe au pistou arrive de la cuisine.

Sur les chemins de mon cahier, le soir dans ma propre cuisine, ces femmes ont toujours des yeux de soie noire, des visages très purs. Leurs maris peuvent être à la chasse ou, avec un peu de chance, morts deux mois plus tôt.

Vers le milieu de l'après-midi, après le plat du jour et un ou deux cafés, je reprends la route vers d'autres vallées, d'autres villages, d'autres clochers. Je ne rentre qu'à la nuit avec les premiers gémissements de la forêt, en pensant à toutes ces belles poitrines qui m'attendent dans des hameaux où personne ne va, dès qu'on entre dans l'arrière-saison. Manger en les regardant se balancer souplement me suffit.

Même la nuit je marche sur les petites routes bleues de mon cahier et chaque pas m'ouvre des territoires libres où l'homme est partout chez lui, comme les rois et les voleurs. Un seul pas sous des peupliers d'or... Les mots appartiennent à l'homme qui marche.

Juste avant l'été je suis resté huit jours dans un palais de justice. Assis sur un banc, dans le box des accusés. Nous étions une bonne dizaine dans ce box et sur ce banc. Accusés de quoi? Le président a pris la parole:
«Blanchiment!
«Banqueroute!
«Non-justification de ressources!... »
Voilà les trois infractions qui étaient retenues contre nous. Le procureur est resté longtemps silencieux. Il nous observait, plus discrètement deux d'entre nous, qui avaient déjà purgé plus de vingt ans de détention et qu'on allait chercher chaque matin dans la petite prison qui domine la ville. Ils arrivaient enchaînés, tenus en laisse par les hommes en noir du GIPN cagoulés, qui prenaient position autour de la salle d'audience, dans les escaliers, les couloirs et le petit jardin du palais où nous venions d'attendre entre deux rosiers.

La sonnerie retentissait et nous passions sous

un portique antimétal, pendant que des hommes en rouge fouillaient nos sacs et ce que nous tirions de nos poches. Les femmes sont beaucoup plus longues à fouiller, elles ont moins de poches mais leurs sacs sont sans fond.

Le premier jour avait été fastidieux et même éreintant sur ce banc qui a vu défiler tout ce que notre département compte de voleurs, d'assassins, de pervers et d'escrocs, de minables aussi, surtout des minables, des troupeaux de bons à rien, de riens du tout, qui arrivent ici voûtés et qui font semblant de ne pas comprendre ce qui leur arrive. Il leur en est tellement arrivé depuis qu'ils sont nés… Le menuisier avait choisi pour eux le bois le plus dur de la vallée.

Je n'étais pas arrivé voûté, seulement inquiet, mais je faisais bel et bien partie du troupeau qui subissait le choix du menuisier.

Pendant des heures le président a parlé de prises de participation troublantes dans des discothèques, des restaurants, des débits de boissons. Il a expliqué que beaucoup d'espèces étaient passées entre les mains des deux hommes que l'on ramenait tous les soirs à la prison. Il employait les mots « revenus occultes »… De l'argent soi-disant prêté, des gains au PMU. Plus de un million de jetons au casino. Le président avait beaucoup de soupçons quant à l'origine des fonds investis dans une nébuleuse de SARL. Il a parlé d'un immense trafic à la tête duquel se trouvait l'un des grands parrains de la Côte d'Azur.

19

Il était très difficile de suivre les flux et reflux de ces fleuves de billets qui arrivaient on ne sait d'où, repartaient de même après être passés par l'obscurité pourpre de plusieurs boîtes de nuit.

Dans le silence de cette première journée nous écoutions cet homme, plutôt paisible, qui racontait une histoire sombre et mystérieuse dans laquelle nous étions censés avoir joué un rôle.

Chacun de nous retenait son souffle, guettant le moment de l'histoire où il apparaîtrait. Quand l'un se reconnaissait, il changeait de fesse sur le banc et fronçait les sourcils.

Pendant une semaine j'ai observé cette salle où a été jugé il y a un demi-siècle le vieux Dominici. Rien n'a bougé. Même la peinture semble avoir été appliquée sur ces murs dans les années cinquante, elle a bruni, s'est écaillée.

Pendant une semaine les volets sont restés tirés, sans doute à la demande des policiers d'élite qui prenaient position dès le matin, et nous écoutions le président dans cette demi-obscurité. Les petites lampes et les néons jaunis par la crasse et les chiures de mouches, les antiques boiseries et toutes ces robes noires ajoutaient à la pénombre quelque chose de misérable et de mélancolique. Aussi mélancolique que cette ville de Digne qui reste grise même en été. Une ville qui a cru qu'elle appartenait à la montagne, alors qu'elle se dissimule au fond d'une étroite vallée. J'aime bien cette ville qui n'est pas à sa place, ça l'oblige à réfléchir. Misérable, parce que passe par cette salle, un jour ou l'autre, toute la misère de notre région, toute la souffrance des plus égarés d'entre nous.

Au début de l'été aussi j'aime bien remonter le cours des rivières, enlever mes chaussures et traverser le courant, les bras écartés pour ne pas glisser sur des galets recouverts d'une mousse visqueuse, observer les familles de colverts qui nagent en file indienne et apprennent à leurs petits à plonger brusquement pour surprendre le poisson.

J'étais là, sur ce banc, les reins cassés, des journées entières à attendre que ces créatures cagoulées de noir me passent les menottes et me traînent dans une prison, pour avoir ouvert quinze ans plus tôt un restaurant avec l'un des deux hommes qui avaient passé la moitié de leur vie dans une cellule et qui devaient faire bien peur pour qu'on n'entrouvre même pas les volets. Bien plus peur en tout cas que ce vieux sanglier de Dominici, accusé d'avoir massacré toute une famille et achevé une enfant.

Toutes les deux ou trois heures, le président suspendait la séance et nous sortions tous dans le petit jardin, avocats, prévenus, public et journalistes. Le président lui-même nous rejoignait sous le soleil de juin, entre les deux rosiers.

Il avait retiré sa robe et restait un peu à l'écart, une cigarette à la main. Descendu de son estrade et sans sa robe, il n'était pas plus impressionnant qu'un autre, tellement banal qu'il aurait pu être assis avec nous sur le banc et attendre son heure. J'ai même eu la sensation, parfois, qu'il aurait aimé nous ressembler, être l'un des nôtres. J'ai pensé que ce devait être un brave homme. Un homme qui essaie de comprendre. Il ne tentait pas de nous écraser avec sa robe, son livre rouge et son pouvoir, comme l'avait fait pendant plus de dix ans le juge d'instruction qui, pas une seule fois, ne m'avait regardé dans les yeux et qui demandait à la police de m'amener devant lui les menottes très serrées.

Les deux détenus disparaissaient, attachés, dans une quelconque souricière. Le président avait plusieurs fois répété qu'ils étaient à la tête d'un dangereux clan aux ramifications tentaculaires… On les traitait comme des Siciliens ou des camorristes, dans un paysage de moutons et de bergers.

Soudain la sonnerie retentissait et nous repassions tous à la fouille. Nous retrouvions la pénombre, le silence inquiétant et ce banc dont la dureté nous avait déjà condamnés. Quand tout le monde était installé, on introduisait les « camorristes ».

Le quatrième jour, le procureur s'est levé et a pris la parole. Nous n'avions jusque-là que très peu entendu le son de sa voix. Il se tenait très droit, et contrairement au président, chaque syllabe, chaque mot sortait de sa bouche moulé par ses lèvres et sa langue. Il m'a fait penser à mon

instituteur qui me criait toujours: «Ar-ti-cu-le!»
Il représentait la République.

Il s'est mis à faire de longues phrases et périphrases. Chacune visait une cible. Chacune s'articulait autour d'un mot, «assassinat», «règlements de comptes», «attaques de transport de fonds», «trafics de stupéfiants». Et il ponctuait ses attaques par un énigmatique «je dois observer, comme magistrat dirais-je…».

Il a dit tout de même qu'il allait séparer le bon grain de l'ivraie. Je me suis demandé dans quel paquet il allait me ranger.

«J'ai devant moi un dossier, c'est-à-dire un puzzle qui tente de rassembler l'image qui s'y dissimule… Le gang des Alpes!… a-t-il tonné. Qu'est-ce que le gang des Alpes?…» Long silence… Chacun de nous attendait qu'il l'explique. «Des sociétés vraies, de faux gérants, des hommes de paille, des enveloppes bourrées d'argent qui circulent, des comptabilités occultes. Bref, un système tentaculaire, un empire! Et derrière l'or se cache le plomb, c'est-à-dire la crainte, la peur, la mort!»

Le procureur, méthodiquement, est revenu sur les destructions, incendies, assassinats.

Maintenant il regarde le président mais s'adresse à la salle. Il s'est encore raidi. Il lance ses mots avec ses mains, ménage de longs silences qui creusent un peu plus le silence… Il pose son bras droit sur sa hanche, distribue les feuilles sur son bureau.

Il a haussé la voix. Il s'insurge, questionne, répond, déroule, démontre, assène, définit les contours du premier cercle, fait défiler devant nos yeux des voitures de luxe, des villas, des retraits énormes, des garde-robes bourrées de costumes, de chaussures hors de prix, de bijoux, de chambres mystérieuses réservées à l'année dans les plus grands hôtels, d'étudiantes boursières qui roulent en Mini Cooper neuve.

Maintenant il a pris son rythme, sa foulée. Il se balance, lève un peu plus haut les bras, fait voler ses manches. De temps en temps, il jette un seau de sang sur le conte de fées. Il ouvre des placards, en sortent des robes, du luxe et des cadavres.

Cet homme est un grand conteur, contrairement au président il a des convictions. Nous comprenons tous, dans ces instants-là, que malgré la beauté vénéneuse de son histoire, ça va devenir très dangereux toutes ces convictions. Nous sommes tous brusquement des personnages de roman, et comme dans les romans, tout peut arriver.

Dans les coins de la salle les hommes en noir rajustent leur cagoule, assurent leurs armes. Ils se rendent compte qu'ils ne sont pas venus là pour un vol de poules ou pour être admirés par les filles, entre les deux rosiers du jardin.

Depuis trois jours les prévenus se sont succédé à la barre, à l'appel de leur nom. Ils se sont exprimés avec de rares mots, des mots peu choisis, mal prononcés, bredouillés. Même lorsqu'ils ne se sentent pas coupables, ils sont bombardés de toutes parts par des mots brillants, savants, cinglants. Ils sont au moins coupables de ne pas posséder les clés qui ouvrent les portes de cette société de mots.

Comme je suis écrivain, le président m'a questionné plus longuement. Quand on est dans la fosse et qu'on lève les yeux vers toutes ces boiseries, ces robes noires, ces livres plus épais que *Le Petit Robert*, personne n'a les moyens de faire de belles phrases. Les belles phrases viennent d'en haut.

D'en haut et de tous les côtés. Maintenant c'est un premier avocat de la défense qui se dresse, sur l'autre versant des boiseries. Ses cheveux sont en bataille, sa barbe est bien taillée. Il plaque sa main droite sur son cœur et sa voix occupe d'emblée toute la salle. On voit qu'il a longtemps travaillé pour que cette voix s'empare du moindre recoin.

« Je suis abasourdi ! Stupéfait de ces réquisitions !… Ce dossier est un naufrage qui caractérise l'arrogance du juge qui l'a constitué !… Un dossier pénal se bâtit avec des preuves, celui-ci est un tissu de carences et d'erreurs ! »

Nous nous redressons un peu, le vent tourne, le banc est un peu moins cruel.

La main droite de l'orateur ne quitte pas son cœur, la gauche tranche, claque, coupe l'air, vole.

Il y a une heure le procureur parlait si bien qu'il nous livrait la vérité, limpide, éclatante, incontestable. À présent l'avocat parle si bien qu'il nous dévoile la vérité, limpide, éclatante, incontestable. Un seul fait présenté, deux vérités irréconciliables ! Tout était noir, tout est blanc ! Nous étions coupables de tout, nous sommes plus innocents qu'un enfant qui vient de naître.

Deux robes noires, deux grands acteurs, deux vols de bras. Deux vérités. Nous avons juste un peu tourné la tête d'une vérité vers l'autre.

Il y a une semaine que je suis cloué sur ce banc, cerné par d'immenses corbeaux perchés sur des boiseries. Ils battent des ailes à tour de rôle, puis les replient dans le silence de ce palais, qui accueille depuis un siècle de longues chaînes de pauvres, de déficients, de mal-aimés. Vulnérables, disent les ministres lorsqu'ils parlent à la radio.

Nous, les prévenus, les accusés, « les coupables », nous n'avons joué qu'un rôle minuscule dans ce grand spectacle où rien n'était laissé au hasard. Il fallait que nous soyons là pour que le spectacle ait lieu, un point c'est tout. Nous n'en étions pas les acteurs. Les vrais acteurs avaient tous une robe noire. Nous avons justifié le talent, les prouesses, la mise en scène, les traits d'esprit, l'existence même de ces messieurs. Si nous avions quitté discrètement la salle, ces envols de manches et de mots se seraient poursuivis dans le même silence, la même indifférence, dans ce petit palais hors du monde, écrasé par des montagnes où, depuis quelque temps, reviennent les loups.

Maintenant les avocats se dressent les uns après les autres, chacun de nous en a pris un, c'est la règle. Ils font vivre leur robe, se déchaînent, rivalisent, tentent de réveiller une salle épuisée. Tout a été dit, répété, ressassé. Plus personne ne cherche la vérité. Il n'y a plus de vérité, plus de talent. Le président a déjà tout décidé avec ses deux assesseurs. Il croise les doigts, en pensant aux seins de la journaliste qui prend des notes, depuis une semaine, ou tout simplement à ceux de sa femme et au repas du soir.

Depuis huit jours on parle de restaurants, de boîtes de nuit. Chacun a imaginé des jeunes femmes presque nues derrière des comptoirs étincelants, des liasses de billets dans des enveloppes brunes, des voitures de sport très rouges, des salles d'auberge aux tables nappées de blanc, des hôtels de luxe pour femmes très belles, sur talons très hauts.

On est ici parce que quelqu'un a fait le mal et on ne parle que de choses qui font briller les yeux. Les articles du code pénal endorment tout le monde, le claquement des talons aiguilles soulève les paupières.

Je suis revenu une dernière fois à Digne, le jour du verdict, par cette vallée qui longe la Durance et des champs de pommiers. Je suis entré une ultime fois dans la pénombre de ce palais, pour entendre un seul mot : « relaxe ».

J'ai retrouvé l'immense lumière de juin et la vallée de la Durance. J'avais le soleil dans les yeux. Je n'ai pas allumé la radio, j'ai laissé un mot bourdonner dans ma tête, tout au long des cinquante kilomètres qui séparent cette vieille préfecture de ma ville, Manosque.

Dix ans de harcèlement, d'humiliations, d'interrogatoires, de perquisitions, de menottes très serrées. J'étais entré dans ce palais comme un chien. On m'avait désigné la place des chiens. J'avais reçu sur la tête des fleuves de mots. Je n'en retenais qu'un, « relaxe ». Il me suffisait... Je roulais sans haine au milieu des pommiers.

J'ai commencé ce cahier en septembre, comme je le fais depuis plus de trente ans, après les grosses chaleurs de l'été et surtout lorsque ma fille retournait à l'école et que je restais seul dans le silence de notre appartement. J'ai toujours détesté l'école depuis le premier jour, je n'aime que la lumière des champs.

À l'époque nous rentrions à l'école le 1er octobre, et ce mot, octobre, était sombre et froid. Il le demeure. Septembre est un mot très doux, il glisse comme une rivière, dans une plaine encore toute dorée où les poussières des moissons ont disparu.

Mon père prenait ses congés en septembre pour aller chasser et nous passions ce mois dans le petit village de Saint-Maime, au cœur des Basses-Alpes. J'aurais aimé qu'il dure éternellement.

Il faisait encore nuit quand il me réveillait. J'attrapais mes vêtements sur le dossier de la chaise et nous filions. Nous escaladions les ruelles du village qui sentaient la cave, le coulis de tomates et le poulailler.

Très vite nous atteignions une chapelle recouverte de lauzes et pleine de pigeons, nous contournions ce que l'on appelait le château, qui n'était plus qu'un moignon de tour fortifiée, toutes les pierres de taille ayant servi à construire le village, deux cents mètres plus bas. Nous étions sur la crête d'un éperon rocheux.

À notre gauche, là-bas dessous, la nuit n'était éclairée que par les fleurs blanches des tombes, sous les cyprès du petit cimetière. Devant nous, très loin, du côté du plateau de Valensole, le ciel était vert.

Je marchais trois pas derrière mon père qui, dès la sortie du village, avait glissé deux cartouches dans les canons de son calibre .12.

Les aubes sont très fraîches en septembre, la brume reste longtemps immobile au fond des vallons et encore plus laiteuse le long des rivières. Il y en avait deux ici, la Laye et le Largue, où j'allais pêcher et me baigner. Les après-midi sont encore torrides, au milieu des collines.

On entendait sous la brume la cloche d'un troupeau que l'on ne voyait pas. On retrouvait un peu plus loin le chemin des vignes. C'était une suite de petites vignes, pas plus grandes que la main, à flanc de coteau. Chacune avait son petit cabanon en pierres sèches recouvert de trois tuiles recuites par les étés et son grand fût rouillé pour recueillir l'eau de pluie.

Je pensais toujours que le soleil ne sortirait jamais tant le froid piquait mes jambes nues et soudain il éclairait les plus hauts rochers et glissait vers nous sur les raies de vignes étincelantes de rosée. Un peu plus tard, toute la vallée s'ouvrait sur notre droite et l'on découvrait les sombres allées de marronniers qui dissimulent l'ancienne petite gare.

Nous suivions un bon moment ce chemin quand mon père commençait à transpirer dans sa veste de treillis, nous nous arrêtions pour déjeuner.

Ces petites vignes aux grappes violettes, aussi dures que les plombs dans la cartouche, donnaient un vin âpre et râpeux, que faisaient semblant d'apprécier les propriétaires de tous ces cabanons. Mon père avait repéré deux ou trois treilles de muscat ou de clairette. Il appuyait son fusil contre un muret, coupait deux belles grappes noires ou blondes avec son Opinel et on s'installait dans l'herbe, entre deux raies de vignes. C'était pour nous deux le meilleur moment de la matinée.

Il tirait de son carnier deux tommes de chèvre recouvertes de sariette, un morceau de pain qu'il partageait, et à part peut-être de ramener un beau lièvre de cinq kilos, rien n'égalait cet instant magique. Une tomme de chèvre, une grappe de muscat et un bout de pain, juste avant l'automne, dans le silence doré des collines, si loin de l'odeur de la craie, de l'encre, de la peur physique d'être interrogé. Mon père ne disait pas un mot. Nous écoutions septembre. Mon père ne m'a jamais dit un mot. Nous marchions en silence, nous mangions en silence et chacun faisait sa vie.

Si à cet instant mon père avait aperçu un lièvre à l'autre bout du champ, je crois qu'il n'aurait même pas tenté d'attraper son fusil, nous écoutions le monde respirer, nous n'avions jamais été aussi libres. Une feuille craquait sous les chênes blancs, un corbeau s'envolait lourdement en criant au-dessus des labours.

Nous allions comme ça jusqu'à Brive, une petite ferme penchée au-dessus d'un étang où mon père achetait toujours six œufs, et parfois, quand il voulait que je voie partir comme des éclairs une compagnie de «rouges», nous faisions tirer jusqu'à la Tourache, la ferme où ma mère était née, au milieu d'une terre jaune où s'accrochent trois pins.

Nous rentrions à midi sous un soleil de plomb et je n'avais qu'une hâte, avaler une salade de tomates dans la fraîcheur de la cuisine et descendre plonger sous le pont, dans l'eau verte du Largue, en épiant les petites filles de mon âge qui regardent sur la berge pousser leurs seins, assises jambes croisées sur de grandes serviettes-éponges.

Mon père est mort depuis belle lurette. J'ai toujours son calibre 12 et une boîte en fer-blanc « Biscuits Thé Brun » remplie de cartouches rouges ou noires. Je ne chasse pas, j'ai gardé le goût des chemins. Voir le jour se lever, en toute saison, sur un chemin qui monte. Marcher vers un village que personne ne voit et que le soleil touche soudain de son doigt d'or.

Si vous arrivez dans le petit village de Banon sous le soleil brûlant de juillet ou le mistral glacé de janvier qui descend des grands plateaux de Sault et de Revest-du-Bion, juste après l'Hôtel des Voyageurs, un peu en contrebas, vous tomberez sur une étroite maison jaune aux volets bleus. Un étrange cyprès se dresse contre la façade, c'est un arbre à livres… Un empilement de livres sculptés qui s'achève à sa pointe par un livre ouvert sur le bleu du ciel, dans ce coin perdu du monde où le ciel est beaucoup plus bleu qu'ailleurs.

« Librairie le Bleuet » pourrez-vous lire en

lettres bleues, au-dessus d'une marquise qui abrite la porte.

Je ne vais pas vous dire de faire trois pas de plus et d'entrer, ce serait faire insulte à ce décor si insolite au milieu de ces déserts de chênes verts et de lavande. D'ailleurs tout le monde entre sans se poser de questions, ceux qui aiment les livres et ceux qui n'en ont jamais touché, parce qu'un libraire ça peut faire peur à certains, une maison de livres, non, chacun s'y sent chez lui.

C'est l'histoire de cette maison jaune que je voudrais vous raconter, tout simplement parce que je la trouve très belle. Très belle et très triste. L'homme qui a construit cette pyramide de mots est un être simple et pur. Une âme forte dirait Jean Giono.

Cet homme je l'ai connu il y a une vingtaine d'années. De longs cheveux blonds tombaient sur ses épaules, ses yeux étaient plus bleus que la mer. Une tête de Viking sur un corps presque chétif. Nous devions être seuls ce jour-là dans les ruelles de Banon. C'est l'époque où, dès septembre, on n'y entendait plus que le vent et les corneilles.

Joël Gattefossé venait juste d'acheter une «librairie-cadeaux-souvenirs» pas plus grande qu'une cuisine. C'est donc l'histoire de ce tout petit libraire que je voudrais retracer en quelques mots, petit par sa taille et la taille de sa librairie.

En vingt ans Joël Gattefossé est devenu l'un des plus grands libraires de France, dans l'une des plus merveilleuses librairies. Et cet homme va retomber dans l'oubli, si ce n'est pas beaucoup plus bas. Il va redevenir tout petit et personne ne se souviendra de lui.

Pendant des années je suis monté à Banon, partager le plat du jour avec Joël, à l'Hôtel des Voyageurs. Pendant des années je l'ai écouté, observé. Je connais toutes les folies, tous les éclairs de génie, les gouffres de cet homme.

Dans ce cahier, vous l'avez compris, je ne bâtis pas un roman, j'écris le roman de nos vies et toutes nos vies sont bien plus romanesques qu'un roman. Je ne me souviendrai que du rire de Joël, un rire d'enfant. Aujourd'hui il transpire, il ne sort que la nuit, il a peur des murs. Il ne regarde plus ses mains trembler.

L'histoire commence un peu après la guerre, le 3 juillet 1951 exactement. Ce jour-là à Courances, Seine-et-Oise, Joël Gattefossé naît dans une merveilleuse odeur de feuilles et de bois que la chaleur soulève dans la vaste forêt de Fontainebleau toute proche.

Le père du bébé est un fils de paysan devenu imprimeur ; la maman reste à la maison et s'occupe des enfants. Elle a grandi à l'assistance publique.

Elle élève ses trois garçons plus Christiane, une enfant qui vient justement de l'assistance publique. Christiane ne sera jamais l'enfant à côté de la famille, elle sera chaque jour le quatrième enfant. Petite fille, la maman de Joël a trop souffert, elle déteste tous les Thénardier de la terre.

Joël devient très vite un gamin difficile, parfois dur, il fait les quatre cents coups, balance dans les puits le matériel de son père, fait l'école buissonnière, se bat. C'est un garnement qui ne tient pas en place, rentre dépenaillé, crotté, tuméfié. L'école le renvoie souvent. Le père ramène à la maison tout ce qui s'imprime, se lit: Bibliothèque verte, Bibliothèque rose; *Pif le chien, Vaillant, Spirou, Mickey, Picsou*; les romans de toutes les maisons d'édition. Une maison d'images et de livres…

Joël n'aime pas l'école mais il s'enferme dans les cabinets dès le matin pour lire, se glisse sous les tas de bois. Déjà il aime le bois, l'odeur du bois, la chaleur du bois. Toujours dans la colline avec le fils du garde-chasse, il adore les arbres, les animaux, les papillons. Surtout le bois! Il grimpe dans les grands chênes, les hêtres, les bouleaux, au plus profond de la forêt de Fontainebleau. Il en connaît chaque repli, chaque vallon. Là, il rêve, dissimulé au milieu des branches, pendant des heures il voyage dans ce grand silence de feuilles.

Si j'ai aimé écouter ce petit homme blond, c'est qu'il parlait de notre enfance sauvage, la sienne aux portes de Paris, la mienne dans une banlieue de Marseille. Une enfance loin des écoles. J'ai menti, je me suis battu, j'ai chapardé:

« On n'est pas d'un pays, on est de son enfance. »
Nous sommes du côté des forêts, des rues, des vêtements déchirés, des genoux qui saignent. J'ai grandi les jambes nues dans le mistral et la lumière, Joël grimpait dans les arbres sous le brouillard et la pluie.

À onze ans le cœur de Joël explose. Elle s'appelle Joëlle, comme lui, elle arrive de Provence, sa peau sent le melon. A-t-il déjà vu un regard aussi beau ? Premier amour !

À quatorze ans, enfin, il obtient son certificat d'études après avoir triplé la classe des grands. Il rentre à la maison chaque soir écrasé de punitions.

Courances, à cette époque, c'est deux cent cinquante-deux habitants. Il y a un charron, M. Branche, et un menuisier-charpentier. On fabrique des charrettes, des tombereaux, des brouettes...

Joël entre dans l'atelier de M. Désert, le menuisier-charpentier. M. Désert prend sa journée pour faire visiter l'atelier, nomme chaque outil. Joël ne se souvient le soir que d'un outil, le guillaume, car Guillaume Tell sort du bois avec son arbalète.

Il apprend le métier avec des compagnons, des vrais. M. Désert l'oblige à travailler deux années entières à la main, scie à refendre, riflard, varlope, trusquin, bouvet... L'atelier sent le bois, tous les bois. Joël est aux anges, il y coucherait.

Le premier objet qui sort de ses mains est un

tabouret, ses parents l'achètent. Joël amènera son tabouret partout au cours de sa vie, c'est la seule chose qu'il conserve de cette époque lointaine. Il va de Courances à Milly-la-Forêt en vélo, la lumière de Joëlle dans les yeux, les vêtements recouverts de sciure. Il est comme un arbre amoureux.

À seize ans il refait entièrement la charpente de la maison familiale et toutes les fenêtres. Son énergie étonne tout le monde, il travaille même la nuit.

C'est un jeune homme heureux, apaisé, qui quitte à vingt ans le père Désert pour se marier à Villejuif. Après des jours de recherche il déniche là un atelier, rue Jean-Jaurès.

On l'embauche pour six francs vingt de l'heure. Il y a dans cette ruche vingt compagnons qui s'affairent dès l'aube. Joël devient toupilleur, il le restera jusqu'à vingt-quatre ans.

Enfin prêt, il s'installe à son compte avec son ami Antonio, un compagnon, à Bois-le-Roi. Encore du bois...

Années lumineuses, pleines, Joël sait tout faire, il fait tout en chantant aux côtés d'Antonio.

Le 17 février 1984, la mère de Joël meurt brutalement d'une embolie. Elle a cinquante-huit ans. Joël la met en bière. Il a appris le métier chez le père Désert. Une ombre noire s'abat sur sa vie. C'est le début d'une longue et ravageuse dépression.

Joël travaille mais il n'est plus là, il ne sent plus la bonne odeur du bois. L'atelier tangue, décline, l'ombre noire s'étend. Quelques mois plus tard c'est la faillite.

Joël fout le camp avec voiture et caravane. Il part devant lui sans cartes, au hasard des routes. Un jour il arrive à Vif, près de Grenoble. Le coin lui plaît, il plante sa caravane et remonte un atelier.

Au printemps suivant il apprend la mort de son père. L'atelier explose. Il reprend la route comme un enfant perdu.

Il erre d'une vallée à l'autre, col de Lus-la-Croix-Haute, Saint-Julien-en-Beauchêne, Sisteron… Il pourrait être colporteur, rémouleur, rempailleur, trimardeur, vagabond… C'est un compagnon qui n'ose plus regarder ses mains. Des mains mortes.

Il arrive un soir dans le petit village de Banon, le mois de mai vient de commencer. La première fleur qu'il voit à l'entrée du village, c'est le bleuet, avant même la lavande. Banon est un village dans le ciel. Quelques maisons étirent leur cou, se dressent sur leurs talons au-dessus des lavandes violettes. Derrière ce sont les déserts de Lure et du Contadour, que le vent rabote en sifflant dans le squelette blanc de quelques bergeries.

Le bleuet est la fleur que Joël a remarquée, enfant, en faisant les foins à Courances. Il s'arrête à Banon. Il s'arrête devant une minuscule boutique à vendre : « Cadeaux, photos, faïence, livres, souvenirs ».

C'est une petite maison grise aux volets verts que l'on pourrait trouver dans un village endormi de la Lozère ou de l'Aveyron, entre les pompes funèbres-marbrerie et la mercerie. La boutique est au rez-de-chaussée, elle contient soixante-dix-sept livres, la plupart de poche.

Le père de Joël aurait voulu qu'il devienne imprimeur, comme lui, pas menuisier. Avec son modeste héritage Joël achète le fonds de commerce et s'installe au premier étage dans le petit appartement.

Quelques semaines plus tard il voit au cinéma *La Gloire de mon père*, il pleure pendant tout le film. Le lendemain il achète toute l'œuvre de Marcel Pagnol et commence à la lire. En quelques jours il dévore tout. Il lit toute la nuit dans la petite maison grise, au-dessus de la boutique.

Dès lors il vend des centaines de *La Gloire de mon père* et *Le Château de ma mère*, ses deux préférés. Jour et nuit il pense à ses parents. Les gens du village et les quelques touristes voient son émotion, ils achètent les deux livres. « Je suis né dans la ville d'Aubagne, sous le Garlaban couronné de chèvres au temps des derniers chevriers. »

La petite librairie-cadeaux se construit sur ces deux titres, Joël en connaît des chapitres par cœur. Il vend ces livres avec son cœur. Maintenant tout Banon les achète, le charcutier, le boulanger, les gendarmes… Une fois par semaine le petit libraire descend chez Hachette et Mariani Pinelli, entre Aix et Marseille.

Il ouvre vraiment sa librairie un soir d'été. C'est un étroit couloir entre des murs de caisses pleines à craquer de livres de Pagnol.

Joël Gattefossé a été un enfant trop sensible, un enfant sauvage, rêveur, toujours dans la forêt, ne supportant aucune contrainte. Solitaire au milieu des arbres. Banon lui ressemble, village écarté, fier, rebelle. La librairie Le Bleuet est la rencontre du rêve et de l'obstination.

Il tient sa boutique et travaille pour gagner trois sous dans l'atelier de menuiserie de Gaby Reymonet. Il fabrique pour la première fois des menuiseries en alu, à la tâche. Il refait même seul tout le lycée professionnel de Manosque : quatre cent quatre-vingts menuiseries en deux mois et demi !

Avec ce salaire il finit de payer ses murs. Les villageois disent : « Si tu as acheté la librairie, c'est que tu ne vas pas partir. » Tous ceux qui l'ont précédé dans ces quelques mètres carrés au bout du monde se sont cassé la figure.

Quelques jours avant Noël, Joël part refaire une véranda, les petits chantiers ne lui font pas peur. Soudain tout se brouille dans sa tête. Il rentre à Banon et avale des quantités de cachets. Il se réveille à l'hôpital, un médecin, Luc Beauchamps, le fait interner à La Tour, à Digne, en psychiatrie.

Dans la cour de l'asile, il n'y a qu'un arbre, un

cyprès. Pendant des journées entières Joël Gattefossé le regarde et soudain, en trois mouvements, il grimpe jusqu'à la cime qu'il fait ployer sous son poids et bascule de l'autre côté du mur, dans le champ.

Le lendemain les infirmiers le ramènent à l'asile. Quelques jours plus tard, en un clin d'œil, il est en haut du cyprès, le tord comme la pointe d'un pinceau, bascule et hop, il file à Banon. Les gendarmes le rattrapent.

Trois fois il s'évade grâce au cyprès, trois fois on le ramène en ambulance. Ce n'est pas très compliqué, chaque fois Joël revient vers Le Bleuet se réfugier au milieu des livres.

Jacques Blanc, l'ancien maire de Banon, obtient que le petit libraire se fasse soigner dans le village. Il repart libre. Il vient de vivre quatre mois dans un service fermé, broyé par une camisole chimique, des barreaux aux fenêtres.

Les médicaments créent un trou noir, le cauchemar s'éloigne dans le brouillard. Il rentre à Banon, plus transparent qu'un revenant.

Pendant deux ans il marche dans la forêt, seul, de Montsalier à La Rochegiron, de Redortiers aux sommets de Néoures. En toute saison il arpente ces plateaux battus par le vent, la pluie et la lumière où l'on ne croise pas âme qui vive sous des ciels immenses. Il écoute le vent, regarde voyager les nuages. Parfois il grimpe dans un arbre et reste là des heures, recroquevillé dans une main de branches, comme un enfant.

Pendant deux ans il se perd dans la forêt, il se soigne par la forêt. Il touche le tronc des arbres, y puise de nouvelles forces. Pendant deux ans il parle à ses parents en marchant sur des feuilles. Il s'endort sur des feuilles.

Il quitte Banon et y revient trois mois plus tard, le 3 juillet, jour de sa naissance. Il a laissé sur toutes ces routes, dans ces forêts, ces chemins, sa camisole chimique. Il a quarante et un ans.

Il rouvre sa librairie, vend des livres le jour, lit la nuit. Après Pagnol, c'est Giono, Bobin, Pennac, Alain, *Propos sur le bonheur*, la biographie de Gaston Gallimard. Joël est fasciné par le destin de cet homme lié à la littérature par chaque muscle, chaque nerf, chaque cellule de son corps. Il se sent très proche de lui.

Il continue à descendre à Marseille chercher ses livres. Il lit et raconte les histoires dans le village, au bistrot le matin, dans l'épicerie, à l'Hôtel des Voyageurs... Beaucoup de gens viennent au «Bleuet» pour parler d'eux, beaucoup ont été malades comme lui, les mots libèrent, allègent, chacun raconte, on n'est plus seul face à la maladie, on écarte la honte, on essaie de comprendre. On s'approche de l'innommable.

Joël Gattefossé parle de la forêt, de la voix de la forêt, la paix des arbres. Lentement il s'éloigne de ses parents. Sa nouvelle famille ce sont les livres qui l'entourent, le protègent.

Dans l'étroite librairie et le petit appartement, les piles de livres montent, montent, dans l'escalier, la cuisine, la salle de bains, sous le lit, dans les cabinets. Vingt-cinq mille livres dans un désordre absolu. Il se déplace dans ce chaos comme dans la forêt, il retrouve le moindre titre écrasé sous un meuble. Il dort trois heures par nuit, il lit.

Les hivers sont longs à Banon. Même les plantes vertes lisent dans la salle de bains. Joël n'éteint jamais la lumière. Les murs craquent sous la poussée des livres. Les mots écartent les pierres.

Depuis longtemps il regarde la maison d'en face. Les murs sont sains, la toiture prend l'eau de partout. Le petit charpentier en est attristé, quel gâchis…

Cette étroite bâtisse est en indivision mais lui a été promise. Il se met à en rêver.

Il faut trois cent mille francs. Joël ne les a pas. Il n'a plus rien après l'achat de la petite boutique.

Nicole B, une amie, lui prête un peu d'argent, appelle ses copines. Quelques jours plus tard trois femmes s'assoient autour d'une table et préparent un document: « Pour une plus grande librairie à Banon. » Tout le monde met la main à la poche, des ruraux, anciens et nouveaux, des écrivains, des lecteurs, des rêveurs, quelques fous.

Joël Gattefossé achète enfin la maison de ses rêves. La maison qui va abriter cent soixante-quinze mille rêves.

Commencent alors huit années de travail forcené. Joël travaille la nuit, il tombe des cloisons, refait des plafonds, des charpentes de chêne et de sapin, ouvre de vastes fenêtres, fait entrer des livres, de la lumière, redresse les murs et les éclaire avec tous les ocres de Roussillon passés au badigeon. Il monte et démonte des échafaudages, se casse une côte.

Il ne dort que quatre heures par nuit, souvent sur le chantier. Ses mains blanches de plâtre repoussent les ténèbres de la dépression. Joël construit, se reconstruit. L'odeur du bois est encore sur lui, ses yeux retrouvent l'éclat de la mer. Il travaille surtout avec de l'épicéa, si doux, aussi doux que la feuille blanche d'un cahier.

À cette époque je suis souvent monté à Banon, le regarder travailler. Nous allions manger sur le pouce le plat du jour aux Voyageurs et je lui disais : « Joël, tu devrais peut-être penser à te trouver une jolie maîtresse, tu as vu toutes ces femmes qui entrent au Bleuet, les yeux écarquillés, la bouche ouverte. » Il me répondait, le regard encore plus bleu de malice : « Et je lui ferais quoi ? Je m'endors à quatre heures du matin sur une planche de chantier ! »

C'était vrai. Et à neuf heures du matin il ouvrait la boutique.

Les journalistes commencent à arriver de toute la région et même de Paris ; double page dans *Le Nouvel Observateur*. Ils restent eux aussi la bouche ouverte, au milieu de ces quatre maisons suspendues entre ciel et lavande. Le petit menuisier construit l'une des plus grandes librairies de France.

Il a une tête de Viking, de longs cheveux blonds qui dansent sur ses épaules et il fait lire les gendarmes, les petits vieux de la maison de retraite, les paysans sur leur tracteur qui dépassent la limite de leurs champs, un roman de Tolstoï à la main.

Les quelques illettrés du village se sont mis à lire en écoutant l'enfance de Pagnol ou celle de Giono, *Jean le Bleu*, entre Manosque et Corbières, racontée par Joël.

Ce qui est rassurant pour ces petits lecteurs, c'est de voir ce minuscule bonhomme aux cheveux de fille construire sa maison en racontant des histoires. Il ne ressemble pas à l'image qu'ils se faisaient d'un libraire, il leur ressemble. Il ne raconte que de belles histoires qui ont secoué son cœur et tous les cœurs l'écoutent.

De saison en saison le Bleuet devient une pyramide de rêves, de voyages et d'émotions. Joël Gattefossé dort, mange, vit avec cent soixante-quinze mille livres. Dans un village de huit cent soixante-dix-huit âmes…

La chose est si extraordinaire, si invraisemblable, si inconcevable que personne n'y croit. Alors on vient voir, et on vient de partout. Des quatre coins de la Provence d'abord, puis de Belgique, du Danemark et même des hauts plateaux d'Anatolie. Joël n'en croit pas ses yeux, pour lui aussi c'est inimaginable.

Sans qu'il s'en rende compte le petit menuisier réveille le village endormi au creux des collines. On y vend à présent des saucisses au kilomètre, elles le méritent; le Banon dans sa feuille de châtaignier est célèbre dans les îles les plus oubliées du Pacifique; l'Hôtel des Voyageurs refuse du monde à midi. Il y a des salons de thé aussi chics qu'à Aix, avec chaises en fer forgé et des tasses plus délicates qu'une aile de papillon.

Le Café de l'Union est devenu trop étroit pour contenir les chasseurs de sangliers, les joueurs de belote et les écrivains exilés.

Joël aime les arbres et les fleurs autant que les livres. Il y a derrière la librairie une parcelle abandonnée encombrée de gravats, de ferraille, de détritus engloutis sous les ronces. Le petit libraire la défriche, la nettoie, en retourne toute la terre.

Il a organisé sa librairie comme sa propre maison, il va faire surgir de ce recoin misérable le plus beau des jardins, un jardin de curé où se mêlent toutes les essences. Il va même concevoir deux jardins suspendus, un pour la lecture et la rêverie, l'autre pour le bonheur des enfants.

Dans le premier il plante des chênes verts, des oliviers, des figuiers, des palmiers, des genêts sauvages, des massifs de romarin, des rosiers rouges, jaunes, du chèvrefeuille, du jasmin, des liserons que l'on nomme ici belles de jour et surtout des bleuets, des bleuets partout, la délicate fleur de son enfance.

Il a récupéré dans ces ruines une vieille fontaine avec sa roue pour faire arriver l'eau, il la remonte et l'installe dans un coin du jardin, à côté des trois pergolas où les gens viennent s'asseoir pour lire sur des chaises et des tables de jardin, en écoutant le murmure de l'eau. Ne dit-on pas de quelqu'un qui lit qu'il cultive son jardin ?

Dans ce coin de paradis Joël a installé une bibliothèque gratuite, ceux qui ne peuvent pas acheter un livre s'installent près de la fontaine et lisent pendant des heures à l'ombre des tonnelles qui embaument et des pergolas.

Chaque jour Joël Gattefossé invente sa vie. Il est resté un enfant, il croit à la vérité de ses rêves, comme Saint-Exupéry qui vit en débarquant à New York un enfant assis sur un trottoir qui contemplait deux cailloux dans un ruisseau. « Qu'est-ce que tu regardes ? demanda l'écrivain. — Mes bateaux, répondit l'enfant, il y en a un qui brûle et l'autre vient de couler. »

Ici dans nos collines cet enfant c'est Joël, là où il n'y avait qu'un tas de cailloux, il y a des îles, des bateaux, des forêts, des voyages. Les livres écartent la solitude, l'angoisse, la peur, parfois la barbarie. Pour ce petit homme les livres ont écarté la folie, tous les fantômes et les terreurs de la folie. Chaque matin il ouvre sa maison jaune aux volets bleus et les gens repartent le soir les poches pleines de rêves.

Joël construit, agrandit, emprunte, élargit. Il étend jusque dans les champs de lavande sa cité du livre. Il fait monter sur ces collines des palettes de livres, des camions de livres, des entrepôts de livres. Un matin il ouvre la porte de la petite maison jaune et qu'est-ce qu'il voit sous la marquise ?… Trois banquiers ! Trois banquiers qui arrivent de Marseille avec des cravates et des attachés-cases en cuir noir.

Les banquiers croient moyennement aux rêves des enfants. Ils entrent dans la librairie, regardent, prennent leur temps, ouvrent leurs attachés-cases et tendent à Joël des liasses d'imprimés. C'est le début du dernier acte. Les banquiers se retirent silencieusement. Le petit libraire tient dans ses mains la fin du rêve. C'est une fin chiffrée au moindre centime. Les banquiers ne lisent ni Giono, ni Emmanuel Bove. Quand ils les lisent, ils deviennent vite de très mauvais banquiers.

Combien de fois suis-je monté à Banon depuis vingt ans, regarder s'agiter entre un «Folio», un «Pléiade» et un rabot cet énergumène ? Ses yeux étaient si bleus, si clairs, on avait l'impression de voir le ciel à travers sa tête. Maintenant on voit ce qu'il y a dans sa tête et ce n'est pas très beau.

Chaque semaine les banquiers remontent avec de nouvelles liasses d'imprimés, où des colonnes de chiffres succèdent à des colonnes de chiffres et les mots qui reviennent le plus souvent sont huissier, tribunal de commerce, redressement judiciaire. Pour quelqu'un qui a tant aimé les livres, c'est un peu sec, terriblement cruel. Et lui qui s'est soigné avec des mots a sous les yeux trois mots qui peuvent rendre très malade, s'attaquer au cœur, au pancréas, aux intestins. Trois mots qui peuvent faire beaucoup de dégâts dans le ventre d'un homme qui en a déjà encaissé beaucoup.

Il y a moins de livres sur les étagères, moins d'abeilles dans la ruche, moins de femmes qui ouvrent la bouche en entrant. Dimanche dernier je voulais inviter Joël aux Voyageurs, je l'ai cherché partout. Personne ne l'avait vu. On m'a dit qu'il revenait la nuit, refaire cent fois ses comptes. Seul son bureau reste allumé dans un village noir. C'est le dernier point d'or d'une aventure extraordinaire.

Il était caché sous les combles. Il transpirait.

Quand je l'ai connu il avait des épaules d'enfant, ce sont celles d'un vieillard que j'ai trouvées coincées entre deux poutres. Ses yeux étaient éteints et ses mains ne tremblaient pas de vieillesse. Il m'a souri. C'était un coup de rasoir.

C'est ce petit homme qui venait de faire, sans l'avoir cherché, la richesse de Banon. La moindre remise était devenue une galerie d'art, un salon de thé, un bar à vin. Et il était là, coincé entre deux poutres, dans sa petite chemisette d'été trempée de sueur. En vingt ans je ne lui ai jamais vu sur le dos autre chose que ces petites chemises d'été à manches courtes, vert amande, lilas ou abricot, même en février quand le mistral glacé de Lure secoue toutes les portes du village et fait siffler le campanile.

Parfois, les gens que je croise dans la rue ou chez le boulanger me demandent: « Qu'est-ce qu'il devient ton ami, le petit libraire de Banon?... Il va fermer?... Il a fait des erreurs, s'il en est là... Il a vu un peu grand... »

Même ceux qui ne sont jamais entrés au Bleuet en ont entendu parler au bistrot, dans les journaux. Certains sont très fiers pour notre petit département, d'autres sont jaloux. Jaloux, parce qu'il est déjà si difficile de réussir quand on est né ici, dans de bonnes familles, alors, quand on arrive par le col de Lus-la-Croix-Haute, dans une vieille caravane et qu'on s'évade trois fois de l'asile... Et qu'on va voir les banques avec des cheveux si fins, si longs...

On a sans doute un peu trop parlé de cet homme qui faisait de l'or avec du plomb, de l'intelligence avec des pierres. D'où venait l'argent sur ces immenses plateaux de rocaille où l'on ne croisait que quelques chèvres et le bleu des lavandes? C'est étrange autant de livres là-haut, au beau milieu de ce désert. Ils ne l'ont pas vu dormir sur son chantier pendant des années, quatre heures par nuit, sous un drap de plâtre.

C'est sûr, il a vu grand. Peut-on dire, il a fait des rêves trop grands ? Il a tenté, il a osé, il a inventé ! Il faut être un peu fou pour oser inventer. Il a vendu des millions de livres. Aidé des millions de gens. Il les a aidés à comprendre leur vie, à aimer mieux chaque jour qui passe, à regarder intensément les chats, les arbres, les saisons, à écouter le silence, la pluie, l'écho lointain en nous de chaque mot.

Il les a aidés à passer quinze ans dans une cellule de neuf mètres carrés, en oubliant les cinq barreaux d'acier, l'ombre du mirador, le claquement des serrures le long des couloirs. Il les a aidés à sortir moins détruits, moins cruels quinze ans plus tard, ou à attendre la visite du médecin, un livre dans les mains, le soir dans un lit. Aidés à attendre des trains sur le banc d'une gare ou l'amour à la terrasse d'un café, dans une ville où l'on vient juste d'arriver.

Il a aidé des hommes à dire avec de vrais mots à des femmes qu'ils les trouvaient très belles. Il a aidé ces femmes à regarder ces hommes avec d'autres yeux. Il a aidé des millions de gens à entendre craquer la neige sous leurs pas et la forêt respirer alors qu'ils ne sortent presque plus de chez eux. Aidé tout simplement à être encore plus heureux quand ils étaient amoureux, encore plus amoureux quand ils étaient heureux.

Voilà à quoi ça sert un livre ! Joël en a vendu des millions. On construit bien des villes thermales, lui a bâti une cité de mots. Les médecins devraient envoyer les gens dans les librairies au lieu de prescrire du Tranxene et du Lexomil.

J'ai connu un médecin, dans le petit village de La Cadière-d'Azur, qui offrait des livres de poche à ses patients, toujours le bon livre au bon patient. Voilà un homme qui connaissait les livres et ses patients. Souvent les patients lui ramenaient un autre livre qu'ils avaient aimé et tous ces livres voyageaient dans le village. L'imagination agrandit la vie. Où, plus que dans le cabinet d'un médecin, a-t-on besoin de vie ?

Le petit libraire de Banon a arrêté Tranxene et Lexomil en lisant Pagnol, Camus et Dostoïevski, en faisant entrer dans son corps des millions de mots, des millions d'étonnements, d'émerveillements, de peurs. Ce sont les peurs et les désirs qui nous rendent vivants, même lorsqu'ils surgissent entre deux pages, dans l'obscurité d'une prison.

Ce qu'a fait ce petit libraire aux cheveux de fille, tous les libraires le font chaque jour, sur toutes les petites places et dans les ruelles de chaque village, de n'importe quel bourg. Lui l'a fait avec sa folie, sa démesure et l'inépuisable volonté d'écarter la mort avec le bruit des mots.

J'ai sans doute été trop long pour raconter l'étrange voyage du petit libraire de Banon. Personne ne sait où il s'achèvera. Les chemins qu'il a ouverts dans le cœur de tous ceux qui ont franchi le seuil de la maison jaune aux volets bleus poursuivent leur travail de chemins, invisible et profond.

Si les écrivains ne parlent pas des libraires, qui le fera ?

L'automne entre toujours la nuit par les portes de la ville. Un matin le tintement des cloches est plus bleu. Seul le silence file dans les rues, étonné soudain par le bruit des fontaines.

Je voudrais revenir vers une femme que j'ai appelée ailleurs la fiancée des corbeaux. Je l'avais aperçue un jour d'hiver, elle traversait une campagne étincelante de neige. Elle était si légère, si jolie que tous les corbeaux la dévoraient des yeux. J'étais revenu les jours suivants, les corbeaux étaient toujours là, ils noircissaient un chêne dénudé. Je ne les dérangeais pas, nous la regardions partir et revenir de l'école où elle était institutrice.

Un jour dans ce petit chemin qui dégringole vers le village, je l'avais invitée à déjeuner dans une auberge au bord de la rivière. Elle avait dit oui en souriant, comme si rien n'était plus naturel.

J'ai évoqué dans d'autres cahiers le visage d'Isabelle, sa douceur lointaine, cette lumière que ne diffusent que les soleils d'automne. Quand je regarde son visage, j'entends la musique du film *La Peau douce* de François Truffaut. C'est une musique mélancolique, légèrement dorée, quelques notes qui posent sur mes paupières une immense douceur. Chaque fois que j'entends cette musique, ce visage apparaît, lumineux, apaisant, si discret.

Certains corps de femmes me soulèvent les viscères. Le visage d'Isabelle embrase tout mon corps, sans me brûler jamais.

Isabelle entre chez moi, comme les mots dans ce cahier. Je ne l'entends jamais venir. Soudain elle est là, devant moi, elle m'apporte des mots. C'est elle qui m'apporte le plus de mots, pourtant elle ne parle presque pas.

Il y a les femmes qui surgissent de ma mémoire dès que j'ouvre ce cahier et celles qui traversent la place, sous mes fenêtres, vibrantes et parfumées. Isabelle habite ma mémoire, une ou deux fois par semaine elle traverse la place avec son cœur sauvage.

C'est en automne qu'elle est la plus belle. Elle apporte dans ces rues le silence des collines, la clarté des champs.

Quand j'étais jeune, je rêvais la nuit des métiers durs que je faisais le jour, dans un grand chantier naval ou un hôpital psychiatrique. Avec le temps je rêve de plus en plus d'écriture, je rêve des personnages qui peuplent mes cahiers, de leurs paroles, des peurs de leur enfance, des arbres de leurs jardins. On devient ces paroles et ces jardins. L'espace qui séparait la vie de l'écriture s'estompe avec les rêves. On se réveille et on entre dans l'écriture comme on entrait jadis dans les bruits du matin. La vie est devenue écriture. On a envie de voir un visage, on l'écrit, il apparaît. Ce visage nous déçoit, on tourne la page... Le visage d'Isabelle ne m'a jamais déçu, je serais incapable d'en créer un plus beau. Plus je le regarde, plus j'écris. Dès que j'ai écrit, je le trouve encore plus beau. Plus beau, à chaque mot, que ce premier jour où je l'aperçus dans ce petit chemin de neige et de corbeaux. Qu'étais-je allé faire dans ce village où je n'allais jamais ? Avais-je suivi le vol noir des corbeaux ?

Les femmes ont toujours senti que je les aimais, elles viennent vers moi comme elles s'approcheraient d'un miroir qui va raconter leur histoire. Isabelle ne cherche pas les miroirs, elle n'a pas besoin d'histoire, son passé c'est le petit verger de son père, quelques poiriers, une rangée de cognassiers, un vieil abricotier. Son avenir c'est l'anémone qu'elle vient de planter, la casserole qu'elle remplit d'eau fraîche pour les oiseaux, sous la fenêtre de sa cuisine.

Il y a trois jours j'ai trouvé dans ma boîte aux lettres une grande enveloppe cartonnée. Je l'ai ouverte au pied de l'escalier, comme je le fais chaque matin. À l'intérieur une étonnante photo : une paire de seins ! Deux seins ronds, pleins, lumineux, magnifiques ! Juste une éblouissante poitrine de femme, sans tête ni corps. Il y avait un petit mot :

Je suis facteur, j'ai lu tous vos romans, nous partageons la même passion, la même fascination pour les seins. Je vous envoie ceux de ma femme que j'ai moi-même photographiés. Je les trouve tellement beaux ! Il faut que vous en parliez dans votre prochain roman !

J'ai éclaté de rire. Si l'une de mes voisines était passée à cet instant et m'avait surpris en train de rire, les yeux rivés sur cette paire de seins, ma réputation était faite. C'est certainement déjà fait. Un homme qui écrit depuis vingt ans des choses étranges et qui fait écrire des assassins dans de sinistres prisons... Je ne sais pas exactement ce qui se murmure sur mon compte dans ce couloir mais la lettre du facteur me prouve bien que chacun connaît mes obsessions.

Bref, je suis remonté chez moi et j'ai glissé la

photo dans un tiroir. Un moment plus tard je me suis dit « tout de même, de si beaux seins dans un tiroir… ». J'ai repris la photo et je l'ai posée droite contre le compotier, au milieu de la table de ma cuisine.

Ainsi, en mangeant, je peux l'observer, apprécier le galbe souple et l'obscurité tendue des mamelons de cette extraordinaire poitrine. L'empreinte d'une patte de chat est tatouée sur le sein gauche, on reconnaît bien les cinq coussinets, les griffes. Il en a de la chance ce chat…

Je mange beaucoup plus volontiers. Ce n'est jamais une fête de manger seul.

J'en étais là de mon repas ébloui, lorsque Isabelle a surgi dans la cuisine. Je ne l'entends jamais arriver. Elle ne met pas de talons.

« Qu'est-ce que c'est ? m'a-t-elle demandé, quelque peu interdite.

— Quoi ?

— Cette photo ?

— Les seins de la femme du facteur.

— Qu'est-ce qu'ils font là les seins de la femme du facteur ?

— Il me les a envoyés pour que je m'en inspire dans l'un de mes romans.

— Quel facteur ?… Et pourquoi toi ?…

— Je n'en sais rien. »

Elle a saisi la photo et l'a à son tour observée longuement. Je ne me faisais aucun souci. Isabelle est très intelligente, lorsque quelque chose est beau, elle le reconnaît sans les réserves et les petites piques de la jalousie. Elle a simplement dit en reposant la photo :

« C'est une magnifique poitrine, il a de la chance le facteur. »

Elle a beaucoup de goût et de noblesse.

« Il faudrait peut-être le remercier, ai-je suggéré.

— Le remercier... Comment ?

— Toi aussi tu as une poitrine fabuleuse ! Tu n'as rien à leur envier. Il n'y manque que la patte du chat. »

Elle a éclaté de rire. Cette photo décidément faisait rire tout le monde. C'est le propre de la beauté de susciter de la joie.

« Tu es encore plus malade que le facteur ! » a-t-elle dit, en posant ses deux mains sur ma tête, comme pour la refroidir.

C'est une femme très intelligente et malicieuse sous sa discrétion. Il n'aurait pas fallu que je la pousse trop. Je me suis aperçu un peu plus tard que ses yeux ne brillaient pas que de malice. La photo est restée tout l'après-midi contre le compotier. Et il me semble qu'Isabelle allait très souvent dans la cuisine.

J'aurais aimé qu'Isabelle soit avec moi, deux jours plus tard, pour observer sa malice et les ravissantes acrobaties de son imagination.

J'étais en train de lire un roman de Panaït Istrati dans la lumière du matin lorsqu'il m'a semblé entendre une plainte... J'ai posé mon livre ouvert et j'ai fait le tour de l'appartement sur la pointe des pieds, en tendant l'oreille. J'ai plaqué mon oreille gauche contre un mur, c'est la plus fine. C'était bien derrière ce mur... Une femme râlait, geignait... Son râle s'allongeait, enflait.

S'il n'y avait eu les coups sourds et réguliers d'un lit contre le mur, je serais allé frapper à la porte qui fait face à la mienne. Cette longue plainte ne pouvait provenir que d'une immense souffrance.

Maintenant cette femme pleurait comme un enfant. Ses pleurs étaient secoués de cris.

On n'entendait pas l'homme. Ni parole ni souffle. Il la travaillait silencieusement, entièrement concentré à faire enfler le plaisir. « Il la travaille au corps, ai-je pensé, il la travaille consciencieusement. »

Cela a duré un bon quart d'heure et j'aurais aimé qu'Isabelle soit là et plaque sa propre oreille contre ce mur. Je trouve les bruits plus impudiques que les images, ils vont fouiller très loin dans notre imagination, avec une rage primitive.

Était-elle sincère pour gémir autant? Excitait-elle l'homme par ses cris qui évoquaient tant la douleur, la soumission?

Les coups se sont accélérés contre le mur. J'entendais battre mon sang dans mon oreille, au rythme du lit, et ce sang battait aussi dans mon ventre. Je voyais le visage défait de cette femme, j'étais entre ses cuisses, juste au-dessus de ses râles.

Il y a eu un dernier cri strident. Il m'a semblé qu'elle hurlait «Mon Dieu!», puis un profond silence. Rien qui laissât soupçonner la présence d'un homme. Avait-il atteint le plaisir, lui? Un silence pudique de mâle.

Quelques minutes plus tard j'ai entendu le bruit d'une chasse d'eau, puis celui métallique des robinets d'une salle de bains.

Ils commençaient bien leur dimanche. Je pensais à cette jeune voisine que je croise tous les jours dans l'escalier et aux seins lumineux de la femme du facteur mais c'est le corps d'Isabelle que j'aurais aimé dénuder, sans ménagement, surtout si elle avait écouté ce que je venais d'entendre et que sa propre voix en eût été rauque et altérée.

Des nuages blancs glissaient sur la colline, le ciel était vide d'oiseaux. Je remarque chaque année l'arrivée des martinets, un beau matin ils déchirent le ciel de leurs cris. Leur départ, personne ne s'en aperçoit. Des millions de faucilles noires sont lancées vers l'immense ciel ocre d'Afrique. Septembre est un long silence bleu.

OCTOBRE

Je suis né avec un œil gauche presque mort. Le droit n'était pas bien vaillant. C'est avec celui-ci que j'ai découvert le monde et que je l'observe depuis soixante ans. Je l'ai fait travailler pour deux. J'ai tiré sur cet œil plus que la chaîne sur le forçat. Je l'ai éreinté à scruter les dangers qui rôdaient dans la cour de l'école et encore plus dès que nous montions, deux par deux, dans l'ombre des classes où chaque livre s'ouvrait sur le brouillard.

J'ai fait de cet œil une bête de somme. Il m'a protégé de tout, m'a prévenu de tout. Il m'a ouvert chaque jour les portes d'or du monde. J'ai croisé des millions de femmes, mon œil droit les a toutes silhouettées, un peu dénudées, effleurées. J'ai envie de me retourner sur chacune d'elles, ça ne se fait pas, je me retiens souvent. Je fais trois pas et je le regrette. Je me retourne trop tard. C'est une maladie, une obsession.

J'ai fait de mon œil droit l'esclave et le complice de mes obsessions. L'esclave est harassé.

Lentement il s'éteint. Je croise dans les rues des grâces irréelles, de longues fleurs de brume. Je me retourne sur la brume. Je pourrais les regarder pendant mille ans, c'est toujours une apparition.

La seule chose qui me rassure c'est que nous sommes en octobre et qu'il n'y aura pas d'école demain, ni les jours suivants. J'ai tellement eu peur à l'école, tellement redouté le mot octobre.

Mon œil droit glisse doucement dans les vapeurs d'automne, demain personne ne m'interrogera. Il fait encore très doux le soir. Longtemps je reste assis sur ma terrasse, au milieu des toitures. Des oiseaux aux ailes rouges se posent sur le chèvrefeuille ou le jasmin, bondissent sur mes chaises de jardin, se poursuivent et roulent sous les dernières roses. Je ne bouge pas, tant que je vois le monde je suis heureux. Il y a un instant la ville était blonde, maintenant elle est bleue.

L'avantage d'une vue très basse, c'est qu'on voit des choses que les autres ne voient pas. Immobile sur le clocher de la ville il y a un oiseau de bronze dans sa cage de fer. La nuit, lorsque le clocher s'illumine, c'est un oiseau de cuivre dans une cage en flammes.

Et toutes ces femmes que je croise dans la rue sortent d'un tableau de Renoir ou de Degas. J'entre lentement dans la brume. Tout est si beau en automne, sous une poudre d'or.

Je cherche la lumière depuis que je suis né. L'automne est le pays des couleurs, je marche vers cette lumière. J'écris en marchant, j'écris tous mes éblouissements, je bourdonne dans les chemins, mais écrire vraiment c'est avoir le courage de tirer une chaise devant une table, s'asseoir et saisir un stylo. Un stylo qui fait si peur et tant de bien dans les profondeurs de tout le corps, dès qu'il laisse des empreintes noires ou bleues dans les champs de neige du cahier. Quand j'écris le mot neige, moi qui ai une vue si faible, je vois devant moi d'immenses étendues blanches et les forêts bleues des mots.

J'aime les grands espaces de lumière que fait jaillir l'automne. Si quelqu'un partait à pied des granits de la Bretagne et cheminait vers la Haute-Provence, il marcherait en dormant. La France est un doux vallonnement de vaches et de clochers. Brutalement ce marcheur se cognerait aux dentelles de Montmirail, au mont Ventoux ou à la montagne de Lure. Tout le monde se réveille à Malaucène ou à Nyons.

À partir de là c'est un chaos sauvage où ne grimpent que des chèvres d'os, de barbe et de tendons. Un désordre de barres rocheuses, d'éboulis à sangliers, de broussaille, de hameaux sans mémoire, de gorges, d'à-pics, de chemins dévorés par les ronces, de ruines, de ravins, de forêts, de petits cimetières effacés par la mousse, de coups de haches telluriques et de lumineux déserts de lavande et d'amandiers, jusqu'aux gouffres du Verdon, sous l'ombre noire des vautours.

Je marche dans ce pays depuis mon enfance, j'en connais le moindre vallon, chaque pente boisée de Buis-les-Baronnies aux gorges pourpres du Cians et de Daluis. J'ai franchi en toute saison ces clues glaciales et ces plateaux où ne courent que l'ombre des nuages et le vent.

Il m'arrive souvent de partir le matin vers des collines que je vois de ma terrasse et qui m'apportent en été l'haleine brûlante de la résine.

Pour sortir de cette ville ronde, je passe sous une tour dont l'œil blanc d'une horloge surveille une rue rétrécie de cagettes de légumes, de guéridons de bistrots et de cartes postales.

Je suis tout de suite dans des petits vergers qui grimpent en terrasses vers des pins noirs d'Autriche. Octobre donne ses premiers coups de pinceau rouge sur les plus hautes branches des cerisiers. Je frôle une ferme tapie dans l'ombre d'or de trois tilleuls. Et je suis seul sur la pierraille des collines, dans l'odeur des cades, du thym et du genévrier.

À partir de là ça monte raide vers un petit col qu'on appelle la Mort d'Imbert et qu'on atteint toujours le dos trempé de sueur. Cinq minutes après ma chemise est sèche, le chemin des crêtes reçoit tous les vents. La pluie arrive d'Italie, le vent du nord apporte la lumière.

Droit devant, le sommet des Alpes étincelle d'éboulis ou des premières neiges nocturnes.

De chaque côté, la vallée de la Durance, sur ma droite, ou celle du Largue où j'ai vécu, enfant, les plus beaux jours de ma vie. Le cuivre des chênes éclaire de grands pans de forêt dans l'obscurité des pins.

Je m'assois toujours sur le même rocher qui s'avance sur le vide, sauf lorsque le mistral vient de passer sur le dos glacé de Lure. Pendant des heures je regarde cette vallée, cette rivière, en bas, qui brille un instant entre les saules, longe un champ de maïs, passe sous un petit pont de pierre, frôle une poste fermée et disparaît sous les feuillages. Cette rivière où je me suis tant baigné, où j'ai appris à pêcher à la main sous les branchages, en frissonnant d'appréhension dès que je sentais entre mes doigts glisser le ventre visqueux et froid d'un poisson.

Je suis seul au milieu des collines, dans ce beau silence d'octobre, et je regarde mon enfance. La citadelle de Forcalquier posée sur une assiette de brume, au loin, et de promontoire en éminence, les remparts dorés de chaque village, Mane, Saint-Maime, Dauphin, les dômes blancs d'un observatoire qui ressemblent à des œufs de dinosaures posés sur les chênes verts.

Les enfants sont dans les écoles, les employés dans les bureaux, les ouvriers au bord des routes ou sur un échafaudage, des gens sont assis dans des salles d'attente, dans des cafés, d'autres poussent des caddies dans de longs couloirs de lessive, des femmes somnolent en attendant le client dans toutes les boutiques du monde, ma fille construit sa vie dans une ville où je vais de moins en moins, parce que je m'y sens vieux. Moi je regarde mon enfance, dans un grand silence bleu, avec cet œil droit qui s'en va doucement et qui m'a tant aidé à attraper la vie.

Le soir je redescends vers Manosque, je passe sous les ruines du château de Montaigu qui servit de repaire à de redoutables bandits de grand chemin, dans une époque de chevaux et de pièces d'or. Je dépasse dans le vallon de Gaude les anciens puits d'une mine engloutie et j'aperçois les portes rondes de la ville. Les pies et les corneilles s'abattent sur les toits, font quelques bonds inquiets, griffent les tuiles, scrutent chaque fenêtre, chaque cheminée et se glissent dans le feuillage encore vert des platanes, au-dessus de toutes les petites places déjà plongées dans le silence et la nuit.

Je garde un souvenir très flou de ma première rencontre avec Pierre, il y a huit ou dix ans, et si je devais en déterminer le mois ou la saison, je dirais octobre tant le soleil était encore brûlant et beaucoup plus douce la lumière.

Longeant un labour dans cette large vallée de la Durance, il venait vers moi. Dès qu'il m'a aperçu, son pas a faibli, j'ai senti qu'il aurait aimé faire demi-tour. Il n'a pas osé. C'était un homme grand et maigre. Je ne sais pourquoi j'ai pensé que c'était mon ami Charles Juliet. Qu'aurait-il fait là, lui qui habite Lyon? Et pourquoi m'éviter? Il m'a écrit de si belles lettres.

L'homme se rapprochait. Il était encore plus grand et plus maigre que Charles. Lorsqu'il a été à quelques mètres de moi, j'ai senti une telle panique dans tout son corps, une telle envie de disparaître que je lui ai dit: «De loin je vous ai pris pour un ami, vous marchez comme lui.»

Il a fait «Ah!», comme s'il venait de voir se dresser un cobra. J'ai cru qu'il allait basculer en arrière.

Son visage était aussi creusé que celui de Charles, son regard encore plus persécuté, plus brûlé. Le regard inquiet d'un vieil oiseau de proie. Un petit appareil photo était suspendu à son cou, d'un modèle que je n'avais pas vu depuis quarante ans. Semblable à celui que mon père utilisait pour faire de toutes petites photos noir et blanc, juste après la guerre.

Nous étions seuls, au milieu de cette vaste étendue de boqueteaux, de petits étangs immobiles et de sombres labours. On sentait qu'il était venu là, persuadé de ne croiser personne.

Il était sur ses gardes, comme si je venais de le prendre la main dans le sac. Il n'osait repartir et nous ne savions pas, ni l'un ni l'autre, que durant les années à venir nous nous rencontrerions souvent, toujours dans les endroits les plus écartés, les plus éloignés des maisons et des routes.

Le matin je pars vers les collines, l'après-midi vers la plaine, je n'ai jamais su pourquoi. Lui ne va pas dans les bois, il tourne dans la plaine. De très loin je reconnais sa maigreur.

Il a peut-être mis deux ans pour me dire son prénom, Pierre, et lentement, au gré des sentiers, j'ai découvert la vie de cet homme énigmatique et sauvage. J'essaie de comprendre ce que traquent ses yeux farouches.

Je sais qu'il habite seul dans un ancien couvent au bord de la ville, il en est un peu le gardien. Personne ne lui demande rien, il s'occupe du jardin. Chaque jour il prend son petit appareil et il s'en va.

Les paysages ne l'intéressent pas, ni les gens. Il photographie ce que nous avons jeté, détruit, abandonné. Toute la journée il marche à la recherche de ce que nous allons oublier.

Il va où personne ne va, entrepôts désaffectés, vieilles décharges, hangars crevés. Il photographie une poupée qui dort sous un drap de poussière au fond d'un chantier, une voiture d'enfant, un chat en faïence, des serpentins de ferraille, une chaise éventrée, un sommier à ressorts, une bassine chinoise avec des fleurs rouges, une sandale, un bol.

Il photographie des débris de vie, tout ce qui va disparaître. Pourquoi fait-il cela? Lui-même n'en sait peut-être rien. Il passe des après-midi au milieu de contrepoids de grues déversés au bord d'un champ de vignes, il cherche la lumière sur ce chaos de ciment. Il découvre sous des monceaux de ronces un pont en fer rouillé, où le train passait dans les années cinquante, sous un panache de vapeur. J'ai l'impression qu'il répare nos mémoires chancelantes, souvent ingrates.

Il parle peu. Il m'a tout de même dit qu'il était tombé amoureux du petit port de pêche de Caro, sa jetée, l'écriture de rouille sur les blocs de béton, les tags et le bleu dur de la mer. Pourquoi cherche-t-il la rouille, les traces, les mille petits signes éteints d'un monde mélancolique ? Et, geste encore plus étrange, il tire parfois de sa poche un feutre rouge et ajoute sur ces murs et blocs un mot, un trait, une arabesque...

Il ne l'a jamais fait devant moi, mais je sais que c'est lui, ce sont des signes brefs, aussi maigres que lui.

Depuis peut-être dix ans que je le rencontre sur ces terres écartées et que nous faisons, côte à côte, quelques pas très silencieux, il ne m'a jamais parlé de sa vie. Je sais seulement qu'il est né à Nantes, que sa mère était costumière au théâtre de la ville.

Comment est-il arrivé ici ? Pour quelle raison ? Je n'en sais rien. En tout cas il cherche. Quoi ?...

Il photographie l'intérieur de grosses buses d'écoulement, des empilements de tuyaux, des petits ronds de lumière. Il va au bout de tous les chemins saisir ces petits ronds de lumière.

A-t-il été lui-même abandonné pour chercher autant tout ce qui peut l'être ? Je ne sais pourquoi cet homme me fait penser à un moine bouddhiste, il erre sans trop savoir pourquoi.

Il m'est arrivé dans mes déambulations solitaires de découvrir un signe de lui sur un container, une station d'essence fermée, une cuve, je reconnais son écriture rouge, l'ébauche d'un dessin, un mot mystérieux. Je sais qu'il est passé par là. Il est l'ami de tout ce qu'on abandonne, il y laisse une trace de tendresse.

Sa silhouette d'ombre rôde au bord d'un canal, près d'une décharge. Sa marche ressemble à une longue méditation. Depuis des années il écrit un poème sans fin sur des débris de ciment, de fer et de plastique, un poème rouge que quelques-uns d'entre nous parviendront peut-être à déchiffrer. Un chant mélancolique qui murmure dans chacune de nos mémoires.

Pierre est comme un soleil d'hiver, à trois heures de l'après-midi, sur le mur éventré d'une usine ou d'une ancienne gare. Il marche. Tout ce qui est abandonné l'appelle, chuchote en lui des choses que nous n'entendons pas.

Joël, le petit libraire de Banon, est venu chercher ici, dans un labyrinthe de livres de plus en plus profond, quelque chose qui lui échappait. Pierre est parti de Nantes et fouille avec la même obstination les petites routes de sa mémoire.

Et moi, chaque jour, est-ce que je sais ce que je cherche entre les pages de mes cahiers qui s'empilent dans un coin de ma chambre ? Je tourne une page, j'ajoute un mot, je regarde le mur qui me fait face, puis la page. Je ne bouge pas. J'attends. Je vois dans mon cahier toute la lumière des collines et je me rapproche de la beauté. Quand mon cahier est ouvert je ne pense pas à la mort, mon stylo glisse sur la fine ligne violette et la repousse hors de la page. Il y a trente ans que j'écris tous les matins pour faire tomber la mort de ma table.

Je regarde ma main, mon stylo, il n'y a rien de plus vivant. Je n'ai même pas besoin de respirer. Je ne suis jamais aussi calme qu'assis dans ma chambre, le monde entier sous les yeux.

Rien n'est plus romanesque que les petites vies de Pierre, de Joël ou la mienne dans cette chambre, parce que rien n'est plus mystérieux que ces voyages qui ne mènent à rien et qui demeurent impénétrables.

Quand j'ouvre le journal, je constate que tout s'effondre, l'industrie, les valeurs, l'oxygène, le nombre de mots que nous utilisons, l'orthographe, la confiance, surtout celle des hommes, le moral des ménages…

Quand je mets la radio, tout le monde hurle en même temps. Ils hurlent tous la même chose, ils veulent tous avoir raison.

Quand j'allume la télé c'est encore plus terrifiant. Des torrents de boue envahissent les villes, midi et soir, et les terroristes sont partout.

Quand je vais chez Isabelle, le mercredi et le

dimanche, je découvre une planète dont personne ne parle. Elle n'est pas médiatique, pas scandaleuse, elle ne fait pas peur. Elle est discrète et profonde. La plupart des gens veulent avoir peur. Autour de la petite ferme d'Isabelle ils ne verraient que silence et ennui. Au bout d'une heure ils seraient en manque de catastrophes et s'enfuiraient chez eux, retrouver un monde en flammes.

S'il n'y avait pas la grâce d'Isabelle, autour de cette ferme, je travaillerais avec moins d'ardeur. Tous les gestes d'Isabelle sont gracieux, qu'elle ratisse des glands sous les trois grands chênes qui ombragent sa maison, qu'elle s'accroupisse comme un enfant pour les ramasser à pleines mains et remplir des seaux, qu'elle déplace un vase de pensées, pousse une brouette, arrose un arbuste ou se hisse sur la pointe des pieds pour cueillir des figues, ou manie le sécateur dans une haie de buissons ardents. Tout est beau à regarder, à surprendre, son visage attentif, la vie souple de sa poitrine lorsqu'elle soulève les bras, ses épaules fragiles.

N'allez pas croire que je suis vautré dans une chaise longue et que je la regarde s'agiter. Je l'observe en travaillant à ses côtés. Plus elle est belle, plus j'ai envie de travailler. Nous restons souvent jusqu'à la nuit dans les champs, parce que Isabelle n'est jamais plus troublante que sous cette lumière d'octobre, dans ses petits tee-shirts de coton blanc. Elle est heureuse que je l'aide depuis des années à entretenir la ferme où son père a trimé toute une vie pour qu'elle devienne institutrice.

Hier nous avons planté trois rangées de framboisiers remontants. Je faisais les trous à la bêche, elle y jetait quelques poignées de terreau et de fumier de cheval, sortait le plant de son godet, l'installait. Pendant qu'elle arrosait, je tuteurais avec des bambous verts que je vais couper près d'une source.

Elle est rentrée un peu avant moi, prendre une douche et mettre au four un gratin qu'elle avait préparé le matin.

J'étais seul, dans le silence de ce petit vallon, à sept heures du soir. Sur la crête déjà noire des collines, de petits nuages progressaient en file indienne, comme des moines courbés sous leurs capuchons roses.

J'aimerais que le journal parle de la paix de ce vallon un soir d'octobre. Je serais sans doute le seul à l'acheter. Je ne crache pas dans la soupe, je ne vaux pas mieux que les autres et je n'écris pas ces quelques pages pour donner des leçons. Nous évoquons avec un léger mépris la beauté simple d'un jardin, nous sommes fascinés par les gouffres de l'enfer.

Il faut beaucoup de patience, beaucoup de silence pour avoir le privilège d'entrer dans la tendresse d'un jardin.

J'écoutais la nuit au milieu des pommiers. Le père d'Isabelle est un peu plus bas, dans le petit cimetière du village. Ses pommiers sont toujours là. Je me tenais debout et heureux, comme il avait dû l'être, le jour où il les avait plantés et tous les jours suivants, quand sa présence et sa main leur confiaient sa tendresse.

Les dernières roses d'octobre viennent de s'ouvrir. Dès que le soleil sort des toitures, elles déploient leurs belles robes de velours pourpre bordées de noir. Chaque matin je retrouve ce brasier dans un coin de ma terrasse. Mon bol de café dans les mains, je les observe. Elles sont plus courageuses que les jaune-orangé, leurs voisines, qui n'aiment que le printemps et le début de l'été.

Je suis allé chercher dans mes carnets où je note les petits évènements de chaque jour. Voilà ce que j'ai retrouvé :

« Rien n'est plus beau et frais qu'une rose rouge qui s'ouvre après l'orage, un 22 avril, étincelante de perles d'eau sur les toits d'une ville. Il y a quelque chose de plus autour de moi. Je lève les yeux. Les martinets sont revenus. Ils déchirent le matin de leurs cris stridents. Ils rasent les toits, plongent dans l'ombre des cours, fusent vers le ciel d'une immense pureté. »

Pendant six mois, chaque matin j'ai vécu sur cette terrasse quelques instants extraordinaires. À cette heure, la lumière ne brûle pas les yeux, les tuiles sont encore froides, la cheminée du boulanger m'apporte une odeur de bois, de feu et de brioche. Le silence monte des ruelles. Dans la journée j'entends des voix de femmes, le matin ce sont des hommes qui s'appellent en nettoyant les rues.

Du bout des doigts je remue un peu la terre de chaque pot, si mes doigts ne sont pas noirs, je verse avec mon arrosoir deux ou trois litres d'eau. Je ne jette plus le marc de café, comme je l'ai fait pendant des années, je le dépose au pied des rosiers, des lauriers-roses, des chèvrefeuilles. Il éloigne les fourmis, les pucerons et c'est le meilleur des engrais. Les fleurs ont beaucoup plus d'éclat depuis qu'elles boivent le café avec moi.

Dans le monde entier le café est un moment de repos, de paroles, d'amitié, même avec les fleurs. Le matin elles attendent leur café. Pendant que je bois le mien à petites gorgées, je leur donne le marc de la veille.

Chaque jour, pendant quelques instants, entouré de ce beau calme des toitures, je suis dans la lumière des dimanches matin de mon enfance, pas d'heures, pas d'école, ma mère si vivante dans la cuisine, ses gestes, sa voix, la fraîcheur des jardins, le tintement des clochers. J'irai tout à l'heure essayer d'attraper au vol quelques pièces de monnaie que les parrains jettent par poignées à la sortie des églises, les jours de baptême. Ma petite sœur avait deux robes du dimanche, une bouton-d'or et une rouge, comme mes roses. Je préférais la rouge, c'était encore plus dimanche.

L'après-midi, si j'avais récolté assez de pièces jaunes sur le parvis de l'église, j'allais voir un western dans le cinéma du quartier, toujours à l'orchestre où les banquettes en bois claquaient, au balcon les fauteuils étaient en velours, n'y accédaient que les adultes et les amoureux, la place coûtait cinquante-cinq centimes de plus. Je me demandais pourquoi dépenser tant d'argent pour s'embrasser et sortir sans avoir vu ces très beaux films, ces grands espaces rouges qui m'accompagnaient durant toute une semaine, sur les bancs de l'école, dans les rues, jusque dans la chevauchée frénétique de mes rêves.

Quand il n'y avait pas de baptême, je jouais aux Indiens, seul, dans le petit jardin sous la fenêtre de notre cuisine. Je m'inventais un nom de guerre, Aigle Noir ou Geronimo, je grimpais me dissimuler dans le feuillage de l'abricotier. Je voyais dessous passer les longues files de tuniques bleues. Je me sentais traqué, sauvage. J'apprenais à écouter les bruits lointains de la campagne. Plus l'après-midi basculait, plus le mot lundi enflait dans mon ventre. Je n'ai vraiment été heureux, enfant, que le dimanche matin.

Chaque jour, je pousse mes volets, je sors sur la terrasse, mon bol à la main, je regarde s'ouvrir chaque rose, et pendant quelques instants, dans le silence des tuiles, c'est dimanche matin.

Mon chat vient frotter contre ma jambe sa tête et son dos rond. Il lève vers moi ses beaux yeux verts. Je sais ce qu'il attend. Je m'assois sur une chaise de jardin, il saute sur mes genoux. Je le caresse en buvant mon café. Il y a dix ans que nous faisons ce petit manège. Si j'oublie, pendant deux jours il ne me parle pas.

De ma fenêtre, au quatrième étage, je vois passer sur la place, plusieurs fois par jour, le médecin du quartier. Lorsqu'il y a du soleil, son crâne brille, il est propre et lisse. Il change de chemise tous les jours. Il balance son cartable, comme un enfant qui n'est pas pressé de retrouver l'ombre des classes. Il redécouvre tout avec des yeux émerveillés, les mannequins aux seins parfaits dans les vitrines, les premières feuilles rousses que le vent pousse devant lui, un peintre en lettres couché sur son échelle.

Ce doit être un bon docteur. On sent qu'il est mieux dehors que dans son cabinet ou chez les malades. Il ne se presse pas, parle un peu à tout le monde, flâne, lève les yeux au ciel. Je crois que l'argent ne l'intéresse pas. Il sourit souvent. Si je tombe malade je ferai appel à lui. Tout ce que j'ai eu, jusque-là, je l'ai soigné avec de l'aspirine effervescente. Les médecins me font peur. Ils disent des choses qu'on ne veut pas savoir.

J'aimerais lui poser quelques questions, entre deux platanes, sur mon état de santé, une espèce de consultation buissonnière, non pour économiser quelques sous, pour que mes fragilités, s'il y en a, soient moins inquiétantes que de part et d'autre d'un vrai bureau, dans des odeurs irrémédiables.

Deux fois par jour je descends prendre un café dans les petits bistrots de la ville, jamais les mêmes, afin de lire mon journal tranquillement, tout en tendant l'oreille.

Les gens viennent là pour exister. Ils parlent. Fort, tous à la fois, de tout, de rien. C'est le seul endroit où quelqu'un les écoute. Ils s'engouffrent dès le lever du jour, affamés de paroles, dans les cafés qui soulèvent leurs rideaux et sortent leurs terrasses. Ils surgissent d'une longue nuit de silence. Ils crient leurs premiers mots. Ils se soulagent. Ils lancent leurs mains au-dessus de leurs têtes.

Ils ne feront jamais partie des gens que l'on entend dès l'aube, à la radio, à la télé. Toujours les mêmes. Un petit cercle d'élus, d'initiés, de complices. L'élite. Ceux-là ont tous le même accent élégant, raffiné, les mêmes jolis mots qui roulent dans leurs bouches comme des dragées. Ils connaissent le moindre détail de tous les grands problèmes qui déchirent la banlieue ou le Turkménistan. Ils se ruent dès le matin sur les micros, les plateaux, les caméras. Cette parole publique, il y a belle lurette qu'ils l'ont confisquée, elle leur appartient, ils n'en laissent pas la moindre miette. Ils se feraient tuer plutôt que de la partager. Ce sont tous des humanistes.

Les gens viennent au bistrot pour ne pas disparaître, avec leur accent, leur colère, leur rire, leurs misères, leur anonymat. Ceux qui ne viennent plus vont sur Facebook, ce grand hall de gare où l'on pense trouver des amis qui vous écoutent. Qui écoute l'angoisse et la détresse des gens qui n'existent pas ?

Nous sommes tous des constructions de mots, des villes de mots, des paysages de mots, des éboulis de mots. Les mots que nous allons chercher dans les cafés, ceux qui apparaissent sur nos petits écrans, même au milieu de la nuit. Surtout au milieu de la nuit...

Avidement nous cherchons de l'amour sous chaque mot, un peu de reconnaissance, un signe, quelques lettres qui clignotent enfin vers nous. Il n'y a pas d'amour sans les mots, pas de tendresse. Sans les mots il n'y a rien. Le grand mur noir de la mort.

Je pense à Isabelle, j'entends les mots qu'elle ne me dit pas, ceux que je pourrais lui dire, et ce léger bourdonnement me suffit à trouver le sommeil. Ces mots invisibles qui dansent sur nos lèvres sont tellement plus grands que ceux qui traversent nos écrans, comme des poussières mortes.

Mes amis sont dans ma chambre, ils tiennent sur deux étagères, quelques livres que j'ai relus dix fois. Tous les autres je les ai donnés au bouquiniste qui fait le coin de la rue, ils ne créaient en moi aucun tumulte. Ils ne bougeaient rien.

Chaque fois que je reprends Emmanuel Bove : *Armand* ou *Mes amis*, j'éclate de rire dès la première page. Rien n'est plus triste pourtant que tous ces petits personnages qui remuent dans la plus terne médiocrité. La misère y est si bien décrite, chaque détail est si vrai qu'on rit. Comme j'ai pu rire en lisant *Molloy* ou *Voyage au bout de la nuit*. Rire, tellement est terrible la misère, terrible la solitude et monstrueux l'égoïsme de ces êtres qui progressent dans des chemins de plus en plus étroits et sombres.

Je l'ai connu dans ma jeunesse ce petit peuple d'errants, de sans-le-sou, de minuscules truqueurs. Ce peuple entre deux eaux, frileux, paresseux, recroquevillé sur des vies infimes.

J'ai vécu avec eux à vingt ans, ils bricolent avec le chômage, vont d'une chambre fanée à un grenier sans porte, rêvent d'être un jour invalides. Ils ont un but dans la vie, disparaître. Ils se débrouillent. Des vagabonds sédentaires. Quelques vieillards de vingt-cinq ans. Ils vivent quelques mois aux crochets d'une femme, font deux ou trois chantiers, volent un peu de cuivre, la copie d'une Vierge noire, vendent quelques grammes d'herbe, se faufilent entre les étroites prisons de province. Ils ne connaissent aucune humiliation. Survivre en mangeant des pizzas leur a ôté tout amour-propre. Ils se déplacent doucement dans les terres grises de la médiocrité.

Chaque fois que j'ouvre un roman d'Emmanuel Bove, depuis quarante ans, je revois immanquablement mon arrivée à Bastia. Pourquoi l'écriture de cet homme me ramène-t-elle là, chaque fois, sur ce port de Bastia, un matin de novembre ? Je m'étais évadé d'une prison militaire une semaine plus tôt et je débarquais en Corse. Les livres de Bove se passent à Paris, je ne vois que Bastia, et je les ai relus dix fois. C'est sans doute la période de ma vie qui ressemble le plus à la pauvreté des personnages de Bove.

Je lis quelques lignes et je revois la même période de ma vie, avec une exactitude effrayante.

J'avais demandé, en débarquant, l'hôtel le moins cher de la ville. Il n'avait même pas de nom. J'avais demandé la chambre la moins chère de l'hôtel sans nom. Elle coûtait huit francs.

Pour y accéder, il fallait traverser une autre chambre où un homme dormait. Il s'était retourné contre le mur en grommelant. Ma chambre en contreplaqué reposait sur trois poutres métalliques qui traversaient le mur, comme une verrue sur l'arrière de l'hôtel. Toute la nuit les chats couraient, soufflaient, copulaient, s'étripaient sur la tôle ondulée de mon plafond. Une cage à poules sous des fauves.

Le lendemain j'avais trouvé un emploi, vestiaire dans une boîte de nuit de la place Saint-Nicolas, U Pozzu. On me tendait des manteaux sans me regarder, on me laissait une pièce. À quatre heures du matin je rendais le dernier manteau, je remontais dormir dans ma boîte en carton.

Chaque fois l'homme se retournait vers le mur en grommelant et j'écoutais les chats se labourer le dos en crachant jusqu'à l'aube.

Ces jours d'automne à Bastia je ne les revois que lorsque j'ouvre un livre de Bove, j'en retrouve chaque détail, chaque odeur, l'odeur d'urine et de javel de cet hôtel, le parfum des manteaux, le cri des gabians sur la place du marché où j'allais ramasser les fruits qu'on abandonne dans des cageots, au moment de plier. Dès que je referme le livre, je n'y pense plus.

C'est la période la plus pauvre de ma vie et Bove a trouvé les mots les plus pauvres pour évoquer la pauvreté. Voilà un très grand écrivain ! Il réveille en trois mots toute ma jeunesse, la moindre odeur est là. Par quel miracle ? Il n'a sans doute jamais mis les pieds en Corse et je revois chaque ruelle de Bastia, les escaliers qui débouchent par un porche sur le vieux port, les ferries blancs qui entrent et sortent, l'ombre de la citadelle qui s'allonge sur la ville l'après-midi, les chauffeurs de taxi qui boivent du Casa dès onze heures du matin. Le visage rayé d'une femme derrière sa jalousie…

Un grand écrivain, c'est celui qui fait apparaître sur la page blanche des paysages oubliés, des villes entrevues, des cités intérieures que nous n'avions jamais visitées. Un kiosque à musique sur une place, les palmiers de Bastia, le vol noir des corbeaux dans le ciel clair de Malaucène un soir d'octobre, les greniers ouverts de Manosque claquants de pigeons, la flamme d'un renard qui traverse la route à minuit dans le col du Négron, la rouille d'un port, les raies rouges d'une vigne à la sortie de Mallemort. Plus le mot est juste, plus le voyage est grand. Le corps sombre et nu d'une femme dans un quartier torride de Marseille, juste sous les toits. Un figuier qui pousse dans les ruines de notre mémoire.

L'écriture c'est ce qui va chercher au fond de nos tripes, en les tordant comme un drap, ce qu'il y a de plus enfoui, de plus terrible, de plus lumineux. C'est ce qui laboure nos mers profondes, soulève le tumulte, ramène devant nos yeux tout ce que nous n'avions pas vu et qui devient plus vrai que la chaise où nous sommes assis, le bureau où nous écrivons, le lit où nous dormirons tout à l'heure.

Je relis Bove pour revoir ce que j'étais à vingt ans, dans le port de Bastia. Nous étions quelques-uns à être arrivés là par hasard. Nous avions mis la mer entre nous et quelque chose d'inquiétant, un danger dont nous ne parlions jamais ; un homme armé sur le continent, la beauté d'une femme, l'enfance pour certains d'entre nous.

Moi, c'étaient les gendarmes. Chaque semaine ils venaient fouiller l'appartement de ma mère à Marseille. J'avais été condamné, par défaut, à trois ans de prison ferme par le tribunal militaire de Metz, pour désertion à l'intérieur et refus d'obéissance.

Je suspendais des manteaux à des cintres et je me nourrissais de peu. Un sachet de canistrelli le matin que je trempais dans mon café, une pizza ou un fiadone le soir. En cinq ans j'ai perdu presque toutes mes dents. Le pauvre se nourrit de farines.

J'avais la sensation dès le matin, dans les bistrots du port, avec les quelques fantômes qui tentaient comme moi de disparaître, que la mer nous protégeait. Elle venait lécher à nos pieds les blocs de pierre de la digue, le quai. Inlassablement elle travaillait pour nous. La mer efface tout avec le temps. Il suffisait d'attendre.

Je revois chacun de leurs visages. Nous portions tous les cheveux longs, des cabans de la marine américaine, aux pieds des clarks. Je me souviens de leurs noms : Tony le Grec, Bob, l'Épagneul, Pedro, la Fouine... Nous dormions presque tous dans le même hôtel sans nom. Les Corses nous acceptaient. Nous aurions tous pu être des assassins, il suffisait de ne pas regarder leurs femmes. Nous n'étions sur le port, dès le matin, que quelques gabians de plus dans la couleur des barques.

On perd ses dents, on garde malgré tout la nostalgie de sa jeunesse. Quand j'arrive dans une ville que je ne connais pas, je vais toujours un peu rôder sur les quais si c'est un port, sinon du côté de la gare. Je cherche dans ce peuple d'ombres qui ne fait que passer le jeune homme que j'étais. J'ai de la tendresse pour ces gens qui fuient, ces petits déserteurs de la vie, ces Bardamu, ces Robinson. Le mot joie, le mot bonheur n'existent pas pour eux, le mot détresse non plus. Ils survivent. Ils ne seront jamais vraiment heureux, jamais vraiment tristes, ils n'ont aucun projet. Leur seule ambition, dénicher un coin de soleil, l'hiver, à l'abri du vent, et que leurs corps ne souffrent pas trop de la morsure du froid, de la faim et des grosses chaleurs.

Ici, à Manosque, je les retrouve dans les quelques bistrots où le café coûte un euro. Ils vont de leurs chambres aux cafés les moins chers de la ville. Ils vivent de minuscules pensions, de chômage, parfois ils donnent un coup de main, ils taillent une haie, empilent du bois, rentrent une terrasse. Ils ont eu des enfants, ils ne les voient plus. L'après-midi ils vont regarder au soleil une partie de boules. Un peu avant cinq heures, l'hiver, ils rentrent dans leur chambre, dans les petites rues que l'on trouve derrière les églises.

Ils savent que j'écris des livres mais nous ne parlons jamais de littérature. Ils ont compris que j'étais l'un des leurs. On se passe le journal, chacun devant son café. J'ai toujours fait partie de ce peuple qui fuit le travail. Je croyais à l'existence d'un monde intérieur, un monde qui a besoin de temps, de lenteur et de silence. Le monde de l'imagination.

J'ai travaillé pendant seize ans avant de me jeter dans l'écriture, pendant seize ans, chaque jour, j'ai eu la sensation qu'on me volait ma vie, mon temps. J'appartenais déjà au petit peuple discret des chambres d'hôtel et des greniers.

Quand je les croise, seuls, au coin d'une rue, presque tous me disent en baissant la voix : « Un jour il faudra que je te raconte ma vie, c'est pire qu'un roman. »

Je les crois volontiers, ils ont dans le regard, comme les détenus que j'ai retrouvés pendant vingt ans dans un bâtiment des Baumettes, une lointaine lueur bleue, très pâle, qui s'installe avec le temps, comme un tatouage mélancolique.

Le seul héros de nos romans c'est le temps, les quelques mots que nous laissons, comme une trace de notre passage, si furtif, dans une chambre, une ville, une armoire. On se débrouille pour être seul dans l'une de ces chambres et regarder le temps qui passe sous notre fenêtre, sans que personne ne nous dérange.

J'aime le silence d'Isabelle. Secrètement sa beauté est liée au silence. Hier nous avons travaillé tout le jour autour de sa maison. Nous avons rentré pour l'hiver, dans le vieux pigeonnier qui sert d'abri de jardin, tout ce que nous avions sorti au printemps et que nous déplaçons durant les grosses chaleurs, de l'ombre des amandiers à celle plus fraîche des chênes, les bégonias géants, les plantes grasses, les cyclamens, les rosiers, le papyrus et le citronnier.

Nous avons planté trois vignes vierges contre le mur du hangar qui n'est pas très beau, dans quelques années il sera rouge. Nous avons ramassé des coings. Il y en avait tellement qu'Isabelle en donnera aux institutrices du village après les vacances d'octobre. En attendant elle les étale sur la table de sa véranda. Ils n'ont jamais été si beaux, si jaunes, leur odeur fait entrer l'automne dans toute la maison.

J'ai arraché deux vieux poiriers qui ne donnent plus rien et j'ai coupé toutes les branches mortes dans les figuiers.

Dans le courant de l'après-midi le mistral s'est levé. Les rafales étaient si fortes qu'elles renversaient les pigeons en plein vol et les froissaient comme des papiers gras, leurs ailes claquaient dans la lumière et ils fusaient dans l'azur presque noir. Les érables lançaient dans le ciel des nuages de graines qui tournaient comme des hélices d'or. Le mistral est sur nos plateaux le semeur le plus généreux.

Le soir nous étions harassés, de travail et de vent, nous sommes allés manger du foie gras avec une bouteille de sauternes, dans le restaurant au bord de la rivière comme la première fois. Rien ne peut faire plus plaisir à Isabelle que ce voyage à trois pas de chez elle. Notre table ronde dans le coin, près de la fenêtre qui regarde le pont et la petite cascade au pied du moulin. « C'est là que je faisais semblant de nager, me dit-elle, j'avais toujours la pointe d'un pied qui touchait le fond. »

J'aime terminer octobre par de grands feux de broussaille. Je brûle tout ce que j'ai coupé durant les mois d'été et que j'entasse au bout du verger qui entoure la maison d'Isabelle, des arbustes de cade qui meurent dans les haies, des branches de chêne ou de fruitiers, de l'herbe, les hampes séchées des roses trémières.

Quand le soir tombe, tous les arbres sont noirs au-dessus du vallon. Les clochers s'allument les uns après les autres dans la vallée et les lampadaires piquent de points d'or la route qui s'en va à Saint-Paul.

Des enfants s'appellent dans les jardins qui bordent le village. Les soirs d'octobre sont très doux. Avec la nuit les oiseaux se sont remis à chanter. Isabelle est allée préparer une soupe de potiron et de châtaignes. Je la vois bouger derrière les rideaux de la cuisine.

Appuyé sur ma fourche, je regarde s'effondrer sous les branchages de grandes villes de braise. De temps en temps un gland explose. Dans la lumière de l'après-midi je ne voyais pas les flammes, à présent le talus est une résille de feu. Je vois la moindre brindille se tordre comme une rue qui tourne et disparaît. Des quartiers s'illuminent un peu plus loin, pendant que d'autres s'évanouissent sous une nuit de cendre.

Mes vêtements et mes cheveux sentent la fumée. La résine de cade bout, siffle, embaume tout le vallon. J'attends qu'Isabelle m'appelle pour manger, comme le faisait ma mère, chaque soir, par la fenêtre de notre cuisine, dans la banlieue de Marseille.

Dans toutes les banlieues on allume des feux au fond des jardins, les derniers jours d'octobre et ces gros moutons de fumée s'en vont sur les villes, apporter une vieille odeur d'herbe sèche et de mélancolie.

NOVEMBRE

Je regardais la lumière de midi jouer dans le clocher lorsqu'un pigeon est passé devant ma fenêtre. Tout de suite après il m'a semblé voir passer mon chat. Ils plongeaient sur la place, l'un derrière l'autre.

Je me suis précipité. C'était bien mon chat. Il était étendu sur le flanc, juste devant les trois marches de notre porte, quatre étages plus bas. Ses pattes balayaient le sol par saccades.

J'ai dégringolé l'escalier. Quelques personnes faisaient cercle autour de lui, l'observaient puis levaient les yeux vers la toiture. Il avait sauté sur le pigeon posé dans la gouttière. Il n'avait attrapé que le vide. Treize mètres pendant lesquels il n'avait pas pu se rétablir. Son nez ou sa bouche saignait sur le goudron.

Je me suis accroupi et j'ai posé ma main sur son ventre. Il a tourné vers moi ses beaux yeux verts. Il avait compris.

Le plus délicatement possible je l'ai pris dans mes bras et nous sommes remontés à la maison.

Je l'ai déposé sur le tapis du salon. Il essayait de me regarder mais il n'y parvenait plus. Agenouillé près de lui, je lui ai caressé la tête du bout des doigts. Il était rassuré de me savoir là, près de lui. Il y a dix ans que je lui caresse la tête, plusieurs fois par jour. Dix ans que je l'ai ramené de la prison des Baumettes, où il venait déjà de tomber d'un toit.

Quelques minutes plus tard son ventre s'est arrêté de se soulever. Il quittait le monde comme il y était venu, en tombant d'un toit.

J'ai pensé que j'attendrais quelques jours avant de le dire à ma fille qui fait ses études à Montpellier. Pendant dix ans ils ont grandi ensemble, joué ensemble, dormi l'un contre l'autre. Pas une seule fois il ne l'a griffée, pourtant elle lui a tout fait, habillé, maquillé, empaqueté, lavé. Il a tout supporté. C'était un chat de gouttière, tigré, comme il y en a des millions. Il avait des yeux verts extraordinaires.

C'est en entrant dans la petite pièce où j'animais alors des ateliers d'écriture, dans le bâtiment D de la prison des Baumettes, que j'avais entendu les cris déchirants d'un chaton. Les détenus m'avaient dit : « Il gueule jour et nuit, on ne peut plus dormir, il est tombé du toit des condamnés à mort. »

L'ancien quartier des condamnés à mort est fermé depuis l'année de l'abolition, en 1981. De notre étroite salle de travail nous dominions ce bâtiment très bas, flanqué de ses cinq cours de promenade en forme de portions de camembert. À Marseille tout le monde a suivi pendant des mois l'affaire Ranucci. C'est dans l'une de ces cellules, là-dessous, que ce jeune homme a attendu la mort.

Il y a un peu plus de vingt ans la prison des Baumettes a été envahie par les rats. C'est la seule prison de France où les détenus jettent à travers les barreaux ce qu'on leur fait passer par la porte, le pain trop mou, les pâtes trop cuites, la viande trop dure… Les rats s'en contentent. Ils surgissent des égouts, envahissent les cours, prolifèrent, dévorent tout.

L'administration pénitentiaire, après avoir tout essayé, pièges, cages, poison, a introduit plusieurs couples de chats. La guerre a fait rage pendant des années, peuplant les nuits de la prison de cris atroces. Les chats, qui se multiplient presque aussi vite que les rats, ont fini par reconquérir cet étrange territoire. Ils ont installé leur quartier général dans ce petit bâtiment abandonné après le dernier condamné à mort.

Dans le moindre recoin des Baumettes on voit des chats de toutes les couleurs, de tous les croisements de races. Ils franchissent les murs qui séparent les cours de promenade, se glissent sous les barbelés, bondissent sur les toitures, s'évaporent dans l'ombre d'un mirador.

Ils sont, le soir, comme les âmes blanches, rousses, noires ou grises de ces hommes qu'on a coupés en deux, dans ce quartier maudit de la prison.

Depuis deux jours les détenus observaient donc, impuissants, ce chaton qui n'avait pas dix jours et qui était tombé du toit. La mère avait tenté à plusieurs reprises de le prendre dans sa gueule pour le ramener dans sa portée. Le bond était trop important, avec ce poids, pour atteindre le toit. Elle avait fini par l'abandonner. Elle l'écoutait hurler, résignée, en allaitant les autres.

Durant tout l'après-midi nous avions parlé, écrit, lu et ri, comme tous les lundis depuis des années, mais il y avait toujours, là-bas dessous, l'appel déchirant du chaton.

À cinq heures, alors qu'ils allaient regagner leurs cellules, Jean-Jacques m'a dit: «On peut pas le laisser crever comme ça, va voir le surveillant-chef, demande-lui la clé des condamnés à mort et emporte-le chez toi, tu trouveras toujours quelqu'un qui l'adoptera, il a l'air mignon.»

J'avais autour de moi des voleurs, des assassins, des trafiquants, des braqueurs, un ou deux vrais dingues, tous avaient fait du mal, beaucoup de mal, et ils ne supportaient plus d'entendre souffrir le petit chat. Peut-être leur ressemblait-il un peu. Un jour ou l'autre ils étaient tous tombés d'un toit et ils attendaient, dans cette cité de fer et de ciment, que quelque chose se passe.

J'étais donc allé voir le surveillant-chef, au rez-de-chaussée. Il avait éclaté de rire: «Un chat?... Il y en a des centaines qui naissent et qui crèvent tous les jours, c'est bien un truc d'écrivain ça, un chat… J'ai quatre cents détenus sur la tête moi, si vous croyez que j'ai le temps de penser aux chats…

— Justement, les quatre cents détenus ne ferment plus l'œil, tellement il crie, c'est eux qui m'envoient. »

L'argument l'avait un peu déstabilisé. Je venais là pour évacuer un léger désordre. J'étais peut-être de son côté. Du côté du silence.

Il avait tourné sa grosse tête vers un tableau où étaient accrochées des dizaines de clés.

« Je sais même pas où elle est cette clé, avait-il maugréé, il y a peut-être vingt ans qu'on n'est pas allé là-bas. »

Il avait décroché l'une des plus grosses, des plus rouillées.

« Peut-être celle-ci… »

Je l'avais suivi. En marmonnant, il avait déverrouillé une énorme porte de fer.

« Il est où ce chat ?

— Derrière les petites cours, de l'autre côté.

— Foncez, je vous attends ! »

J'avais contourné ce sinistre petit bâtiment gris. De toutes les fenêtres des cellules, au-dessus, on devait m'observer. Le seul coin des Baumettes où un peu d'herbe avait poussé, personne n'était venu là depuis des années. Cette herbe avait sauvé la vie du nouveau-né. Délicatement je l'avais pris dans mes mains. Tout son petit corps vibrait de terreur et de faim.

Les surveillants de la fouille avaient ri en me voyant quitter la prison avec cette petite chose qui hurlait dans ma poche. Depuis mes débuts ici, ils me considéraient avec un léger mépris, mêlé d'une discrète méfiance. J'apportais de la brioche à des cochons, murmuraient certains. Pour d'autres je n'étais qu'un rêveur, un poète qui allait nourrir des fauves et se ferait manger par les fauves.

J'avais fait tout le voyage jusqu'à Manosque avec cette minuscule boule de chaleur entre les cuisses. Dès que j'étais monté sur l'autoroute, à la sortie de Marseille, il s'était endormi et ses tremblements avaient cessé.

Ma fille avait bondi de joie en l'apercevant, si petit dans ma main. Je lui avais raconté toute l'histoire, la chute, les cris, les murs, la tête du gardien-chef et nous l'avions appelé « Baumette ». Pendant deux mois nous l'avions nourri au biberon. Impossible de faire dormir Baumette autre part que dans le cou de Marilou.

Depuis il partageait nos vies, se frottait à chaque meuble, bondissait partout, grimpait dans le caoutchouc, s'enroulait sur mon cahier dès que je touchais mon stylo, prenait le café avec moi le matin, parlait dans mes jambes. Depuis que Marilou était à Montpellier il dormait sur mes pieds.

Maintenant il était étendu sur le tapis du salon. C'est rare un chat qui tombe. Lui était tombé deux fois. Une fois en arrivant au monde, sur le toit des condamnés à mort, la seconde depuis cet appartement où il avait été heureux pendant dix ans.

Je l'ai enroulé dans l'un des draps roses de ma fille, je l'ai déposé dans un sac de sport et je suis allé chercher sur la terrasse la petite pelle que j'utilise pour remuer le terreau autour des fleurs. Je n'ai pas pris la voiture, je suis parti à pied vers le cabanon où j'ai commencé à écrire, il y a une trentaine d'années, lorsque je suis arrivé à Manosque. Il y a juste au-dessus un très grand chêne, sans doute le plus beau de la colline. Durant les années où j'ai vécu dans ce cabanon, j'allais souvent lire dans la belle ombre de cet arbre, l'été, l'hiver le soleil est si bas qu'il venait chauffer le tronc, sous les dernières feuilles rousses.

J'ai eu un peu de mal à creuser la terre entre les racines avec cette pelle qui ressemble à un jouet. À travers le drap je ne sentais plus la dernière tiédeur de Baumette. L'après-midi était calme et limpide. Des gens ramassaient des olives, un peu plus bas. Montaient jusqu'à moi leurs voix éternelles et rassurantes.

Je me suis assis, le dos appuyé contre le tronc du chêne. Rien n'avait changé ici. De légères fumées s'enroulaient au-dessus des fermes et par-delà les premières collines, dans la vallée de la Durance, l'eau brillait çà et là au bout des longues raies rouges de pommiers.

J'ai pensé soudain à mon ami Louis Nucéra,

le Niçois, qu'une voiture a fauché il y a quelques années. J'ai pensé à Louis car il avait eu trois passions dans sa vie, sa femme Suzanne, les chats et l'amitié. Je me suis demandé parfois si les chats ne passaient pas avant tout le monde... Quelque chose d'irrationnel chez lui. J'avais même écrit sur mon cahier: «Le jour où Louis s'est envolé avec son vélo, tous les chats de la terre ont perdu un ami.»

Quelques jours après avoir ramené Baumette à la maison, j'avais raconté à mon ami, dans un bistrot de Toulon, l'histoire de ce pauvre chaton abandonné par sa mère. Louis avait été si bouleversé que pendant deux mois il m'avait appelé chaque soir pour prendre des nouvelles du chaton. En temps ordinaire nous nous appelions tous les trois mois. Là, pas un soir sans que mon téléphone ne sonne à l'heure du repas. C'était lui. Une seule phrase: «Alors il est vivant?... Il a mangé?...»

La vie de ce chat qu'il n'avait jamais vu était devenue plus importante que sa carrière d'écrivain, plus importante sans doute que chacun de nous. Quand il a été convaincu qu'il vivrait, il ne m'a plus appelé. Il se contentait de me demander, au gré des fêtes du livre, ce qu'il devenait, chargé d'un tel destin.

J'ai recouvert de terre Baumette dans son drap rose. Un drap dans lequel il avait souvent dormi. Lorsque ma fille est partie vivre à Montpellier, il l'a attendue pendant des mois, chaque soir vers cinq heures, derrière la porte. Elle arrivait de l'école, jetait son cartable, le prenait dans ses bras, l'embrassait sur le nez, répétait « Mon bébé, mon bébé… ». Comme une mère qui regrette d'avoir laissé son enfant tout le jour entre d'autres mains.

Il l'attendait pour goûter, jouer, vivre. Moi je suis toujours fourré dans mes livres, mes cahiers, il n'y a pas grand-chose à attendre d'un homme qui bouge si peu. Surtout quand on est un jeune chat, qu'on passe sa vie à bondir sur ses pattes arrière, à déraper sur le carrelage, à sauter sur tout ce qui bouge.

Lorsque le soleil a disparu derrière la colline, je suis redescendu vers la ville. J'emportais avec moi ses beaux yeux de porcelaine verte. Ce chat avait vu le jour dans la cité du crime et des voyous, l'impitoyable forteresse de ciment, il était devenu l'animal le plus affectueux de la terre.

Quand on donne un peu de lait, quelques caresses à un chat de gouttière, il devient affectueux. Si on le jette à la rue, il devient craintif, voleur, sournois, comme nous, les hommes. Les fous, les détenus et les chats m'ont rendu tolérant. Les murs inutiles rendent méchant.

En novembre, après les grands orages de la nuit la brume descend des collines, efface les plus hautes villas, engloutit les tilleuls qui entourent la ville, se glisse sous les porches, confisque toitures et clochers. Je ne vois plus que deux corbeaux immobiles sur une antenne de télé et le campanile oriental dans une mer de lait. Une fois par an, deux oiseaux noirs deviennent les princes d'une ville qui n'existe plus.

Je ne vais jamais sur la tombe de mes parents le jour des morts. J'attends une ou deux semaines pour être seul dans les allées. Aujourd'hui le cimetière de Saint-Maime était jaune et violet sous un ciel presque noir.

La tempête et les orages de la nuit avaient renversé les plus gros bouquets de chrysanthèmes. J'ai posé sur notre dalle quelques pensées que j'avais apportées et j'ai remis en place ce que le vent avait jeté un peu partout.

En faisant le tour pour remettre ces fleurs debout, j'ai vu que la mairie avait agrandi le cimetière, c'est plutôt bon signe, preuve que le village, lui, ne meurt pas.

La campagne autour était trempée et glaciale. J'ai entendu le tintement de quelques clochettes derrière le mur et j'ai aperçu dans la brume une vingtaine de chèvres et de brebis qui grimpaient vers la colline. Un nuage les a avalées, un mouton à peine plus gros que ce petit troupeau. Même le son des cloches au loin semblait mouillé.

En observant toutes ces tombes autour de moi, j'ai pensé à l'œuvre d'Émile Zola que je suis en train de relire. La colossale histoire des Rougon-

Macquart commence dans un cimetière. Un cimetière abandonné à la sortie d'une ville qui ressemble étrangement à Aix-en-Provence. Un coin de terre écarté, gorgé de cadavres, qui donne les plus belles poires de la région, les plus belles giroflées sauvages. Personne ne veut vivre dans ce coin perdu, cédé aux bohémiens et aux chenapans.

C'est au bord de ce cimetière que naît Adélaïde Fouque qui va engendrer toute la lignée des Rougon-Macquart. Adélaïde prend pour amant un braconnier ivrogne. Quelle idée fabuleuse ! Faire naître la famille la plus romanesque du siècle sur une terre grouillante de morts. Un terrain vague aux marges de la ville, de la bonne société, un lieu presque maudit que chacun évite.

L'homme va sortir de ces anciennes tombes avec ses appétits féroces, ses ambitions, ses trahisons, ses folies et ses vices. Avec toute sa beauté, la grandeur de son imagination, la puissance indomptable de ses désirs.

Une immense aventure de vie qui naît d'un rendez-vous sur une pierre tombale. Une famille qui surgit dans la misère et le crime.

Faire d'un cimetière le lieu le plus vivant de la terre…

J'ai trouvé cela très rassurant. J'avais hâte de rentrer chez moi et de retrouver mon livre, de retrouver la vie. J'en suis au tome IV, *La Faute de l'abbé Mouret*.

Il faisait tellement froid que je n'ai pas dit

grand-chose à mes parents. Il m'a semblé entendre la voix de ma mère qui me disait: «Rentre vite à la maison, c'est bon pour attraper la crève ici.» Ses yeux étaient pleins d'inquiétude.

Nous avons tous un petit jardin secret que l'on atteint par des routes bordées d'acacias, de sureaux et de songes. Il ressemble à ces petits cimetières que l'on trouve à la sortie des villages, il protège nos plus beaux souvenirs, ce que nous avons de plus précieux. Dans ces jardins saute et gambade notre enfance, défilent tous les chagrins d'une vie.

Si je colle mon front contre l'une des vitres de la fenêtre de ma chambre et que je tourne bien les yeux vers la droite, mon regard plonge dans un petit appartement. Depuis un an une jeune femme vit là. Elle n'a guère plus de vingt ans, l'âge de ma fille. Je l'ai toujours vue seule.

Ma jeune voisine est blonde, maigre. Elle est assise sur son canapé-lit depuis un an, un ordinateur posé sur ses genoux. Sa main droite caresse le clavier pour faire défiler je ne sais quoi, la gauche entortille inlassablement une longue mèche de cheveux autour de son index. Son iPhone est posé près d'elle, de temps en temps elle le prend et tape un SMS. Elle jette des coups d'œil vers un écran de télé que je ne peux pas voir, il colore la nuit toute la pièce.

Toutes les demi-heures, elle écarte son ordinateur et se roule un énorme joint. Ses gestes deviennent alors frénétiques, comme si elle ne pouvait pas attendre une minute de plus.

Jour et nuit, ordinateur, SMS, joints… Sans éteindre une seconde la télé. Rien d'autre depuis un an. Aucune visite, aucune trace d'amour, pas la moindre parole en face d'un regard.

Quand je la croise dans la rue, elle ne me reconnaît pas, pourtant nous nous sommes plusieurs fois frôlés dans l'escalier. Elle sort dix minutes chaque soir pour acheter quelque chose à manger au petit Casino du coin. Elle avance comme un somnambule. Elle ne regarde ni les gens, ni les vitrines, ni le temps. Été comme hiver, elle porte un pull clair, c'est tout.

Comme je la vois de profil sur son canapé, je ne sais pas ce qu'elle trafique sur son ordinateur. Au début j'imaginais des choses. Son visage est hiératique, vide de toute émotion.

Elle a de longues jambes osseuses et elle bâille souvent. Elle mange à deux heures du matin sur ses genoux, ferme ses volets et les ouvre à deux heures de l'après-midi. Pendant douze heures elle disparaît. Depuis un an, voilà sa vie.

Elle est très pâle, presque transparente. J'ai l'impression parfois qu'elle est déjà morte. Les os de ses doigts balaient des choses mortes. Elle ne remue presque pas. Elle s'anéantit d'images et de joints.

Lorsqu'elle s'est installée, j'attendais sans doute qu'elle reçoive quelqu'un et qu'elle oublie de fermer ses volets. Je l'observais avec une certaine curiosité, une attente émoustillée. Je suis un homme. Moi aussi je vis seul après tout et je n'ai pas renoncé à ce qui est agréable à regarder. Je crois qu'elle n'était pas si maigre il y a un an. Je ne voyais que sa chevelure blonde sur le canapé noir.

L'odeur épicée du shit a envahi toute la cage d'escalier. Elle devient écœurante au fil des jours, elle se glisse sous chacune de nos portes, imprègne nos murs. À part moi, personne ne sait d'où ça vient, ni sans doute ce que c'est. Sucré et écœurant.

L'autre jour j'ai entendu une femme jouir derrière le mur. Là, j'ai sous les yeux, nuit et jour, une femme qui sombre. Quand je pense qu'elle pourrait être ma fille, j'en ai les larmes aux yeux. J'ai songé plusieurs fois à aller frapper à sa porte. Elle me la claquerait sur le nez en disant : « Mêlez-vous de ce qui vous regarde ! » Je ne suis pas censé connaître les abîmes de sa solitude. Elle est si seule, que l'idée que quelqu'un puisse l'observer ne l'a jamais effleurée. Le monde s'arrête à trente centimètres de ses yeux.

Pourquoi sa famille ne vient-elle jamais ? Qui paie le loyer, le reste ? Et tout ce qui part en fumée ? Je pourrais faire un roman avec cette souffrance, ce mystère, ou tout simplement tenter de la sauver. La sauver de quoi ?

Des romans il y en a mille en chacun de nous. Mille, dès que nous ouvrons la fenêtre le matin.

Il suffit de descendre dans la rue, de regarder marcher les gens, de suivre le vol des gabians qui remontent vers l'intérieur des terres et les décharges, d'apercevoir une trace de sang ou le regard effaré d'une femme au milieu de la nuit.

Je cherche à attraper la vie, à la pointe de mon stylo, à accrocher tout ce qui vit pour être moi-même encore plus vivant. Un seul mot me rend vivant, celui que j'écris à l'instant et qui invente le suivant. Dans un seul mot il y a des nuées de planètes, de constellations. Il y a l'émotion.

Je peux vivre une journée entière dans un seul mot, comme dans la plus profonde des forêts, la ville la plus surprenante. Je m'assois devant ma table, je ferme les yeux… J'entre dans un mot et c'est moi que je découvre dans des régions qui apparaissent, comme lorsqu'on avance en écartant le brouillard.

Quand j'étais enfant rien ne m'inquiétait plus que l'infini, j'y pensais jusqu'à hurler le soir dans mon lit. Aujourd'hui je sais que l'infini est dans chaque mot. J'attrape un mot et je m'endors.

Le ciel est bien trop petit aujourd'hui pour contenir tous les nuages. Avec mon bol de café, que je remplis souvent, je vais d'une fenêtre à l'autre. Je parle à ma mère, à mon chat.

Au début je craignais qu'on ne m'entende derrière l'un de ces murs, à présent je prends du plaisir à faire les questions et les réponses. Parfois j'interromps une conversation avec ma mère pour aller noter l'un de ses mots dans mon carnet. J'ai toujours écrit avec les mots de ma mère. Ceux qu'elle n'utilisait pas me semblent sans intérêt, ils sont vides de vie et de tendresse, comme une langue étrangère que je ne comprends pas.

J'ai mis la photo de ma mère debout, dans ma petite bibliothèque. Les mains croisées sur ses genoux, elle me regarde écrire sur mon cahier d'écolier. Elle doit me trouver raisonnable et paisible, enfin. Je n'affole plus ses yeux. Elle me regarde faire les devoirs que je n'ai jamais faits. Elle sourit.

Elle est adossée aux quelques livres des écrivains que je préfère et que j'ai réunis sur une même étagère, Giono, Beckett, Céline, Flaubert, Modiano, Genet, Rimbaud. C'est elle qui m'apporte le plus de mots.

Mon bol de café à la main, je tourne dans l'appartement. Partout je vois les traces du chat, que je ne remarquais pas jusque-là. Le bas des portes et l'angle des murs sont plus sombres où il frottait son dos vingt fois par jour, le pied des meubles est lustré, le tronc du yucca porte les mille scarifications de ses griffes. J'avais tapissé les pots de fleurs et d'arbustes de pignes de pin afin qu'il ne creuse pas le terreau pour y faire ses besoins, elles resteront là. Je retrouve des poils, par-ci par-là, surtout dans la chambre de ma fille que le soleil matinal inonde et qui était son coin préféré.

Durant toute la journée j'ai regardé, à travers les vitres, passer les grandes citadelles sombres qui surgissent des déserts et traversent le ciel. Vers cinq heures, entre deux nuages noirs, un rayon de soleil a allumé un brasier de roses dans un coin de la terrasse. Les nuages se sont refermés, les roses étaient noires.

Novembre allume partout dans les collines de petits incendies. Après les orages, la lumière est si intense, si pure qu'elle attise ces pourpres, ces orangés, ces roux. Pendant quelques heures, trois jours tout au plus, entre deux ciels noirs, le monde est plus beau que l'imagination.

L'automne est la saison des renards. Ils se glissent dans ces immenses régions rousses qui commencent aux portes de la ville et vont se perdre, après mille gouffres et ravins, dans des horizons d'aquarelle. Ils se tapissent sur les feuilles mortes, disparaissent. Chaque arbre est un renard prêt à bondir, un trait de feu qui jaillit des broussailles. Chaque branche qui craque est une chair de poule.

On entend parfois le claquement d'un fusil assourdi par ces épaisseurs de feuilles qui effacent les chemins, rétrécissent les routes, les places de villages, étouffent le tambour des fontaines, le murmure des rivières, l'appel des chiens.

Pendant quelques jours et quelques nuits, le renard règne sur cet univers où chaque brindille, chaque taillis lui appartient.

Juste avant le soir, toutes les forêts sont dorées sous des ciels gris qui se teintent de bleu en touchant les montagnes, du côté de ces larges vallées qui entrent dans les Alpes.

Dans les vergers, chaque arbre fruitier s'entoure d'un cercle d'or.

Je marche, je regarde, je suis ébloui. J'avance, et de temps en temps je griffonne quelques mots dans un coin de ma tête ou sur un carnet, comme un peintre ajouterait à la pointe la plus fine de son pinceau une virgule de rouge, de gris, d'indigo, dans un tableau aussi vivant que les derniers jours de novembre.

J'aime traverser seul les ardentes beautés de l'automne, les sous-bois mouillés, l'odeur du bois pourri, du buis, du champignon, cette pluie d'or dans l'obscurité encore verte des branchages qui vous retiennent un instant par la manche.

Les clochers blonds que l'on découvre au détour d'un chemin et qui viennent tout juste de transpercer la brume.

Les après-midi sont des abricots, silencieux et tièdes. Dans l'humidité du soir les fumées montent des jardins, mêlées à des odeurs de feuilles, de fruits qui pourrissent doucement dans les vergers.

Un peu tristes et mornes sont mes journées sans le chat. Je ne reprendrai plus de chaton. Lorsqu'elle était enfant, je vivais dans la terreur que ma fille ne se penche, ne bascule dans le vide. J'attachais les chaises aux pieds de la table afin qu'elle ne les pousse pas vers la fenêtre. C'est le chat qui a basculé.

Je n'arrive pas à jeter sa gamelle, sa litière, et plusieurs fois par jour, pendant quelques secondes, mes yeux se posent partout pour savoir où il dort. « Les chats sont la vie des meubles », a écrit Jules Renard, qui les aimait sans doute encore plus que moi, presque autant que Louis Nucéra qui en était complètement dingo. Louis, leur meilleur ami. Une voiture l'a envoyé dans les étoiles avec son vélo. J'espère au moins que là-haut il a retrouvé tous ses chats et le mien, pour lequel il s'était tant inquiété. Peut-être devient-on ce qu'on a le plus aimé… J'aime à le penser, c'est rassurant.

Je tourne entre des meubles morts. Je bute sur une gamelle propre…

J'ai fourré quelques vêtements dans un sac de voyage, une brosse à dents et je suis parti à la gare. J'ai consulté, dans le hall, la carte de toutes nos voies ferrées. Pourquoi pas la Franche-Comté où je ne suis jamais allé?... J'adore le comté. Chaque semaine j'achète trois tommes de chèvre et un morceau de comté.

Une heure après les forêts défilaient. Le long des voies ferrées qui traversent la France, les arbres sont habillés de lierre, ornés de boules de gui semblables à des nids de pie. Où dorment les corbeaux?

On voit des prisons perdues dans la campagne, avec leurs miradors comme des clochers décapités et des chemins partout abrités par des haies, rouges de petits fruits sauvages. Des villes blanches au loin, des silos, des châteaux d'eau plus fins que des flûtes de champagne, des champs plus verts que des tables de billard, de vastes forêts d'or où marchent des chasseurs.

Les pylônes s'en vont vers les collines, comme des mannequins d'osier. Des jardins courent le long des voies, pas plus larges que la main, trois salades y pourrissent à l'ombre d'une tôle rouillée. Des barrières blanches qui n'arrêtent personne et de vieux châteaux écrasés par les longues barres hideuses des immeubles à l'approche des villes.

Il y a longtemps que je n'ai pas voyagé. On oublie l'odeur des gares, le bruit des trains.

Le profil des gens qui sont assis devant moi se reflète dans le soleil de la vitre. La danse des fils électriques entre les poteaux; des champs de maïs que l'on pourrait fumer, tellement ils sont vieux et secs; les taches claires des vaches qui attrapent la lumière sur tous les coteaux; des villages aux quatre coins de l'automne; un camion jaune qui sort d'un bois; de petites gares aussi désertes qu'une ville de province le dimanche après-midi, les acacias en effacent le nom. On les traverse à petite allure sans s'arrêter. Existent-elles encore? Il y a des sureaux sur le quai, un peu de mousse sur les bancs de pierre. Des gares aussi vides que d'anciens lavoirs. Tout de suite les champs reviennent, les ruisseaux.

Je suis descendu du train à Besançon. J'ai demandé un hôtel à un couple de jeunes que l'amour pliait de rire tous les trois pas: «Hôtel de Paris, après la pizzeria.» J'ai fait confiance à leur bonheur. Ils s'éloignaient en riant.

Hôtel de Paris. De longs corridors et des petites salles bronze et noir, des vitraux rouges... Sans doute un ancien couvent ou un relais de poste. Beaucoup de malice dans ces vieux murs.

Une jeune femme vêtue d'un tailleur noir, avec une queue-de-cheval plantée très haut sur la tête, m'a apporté un expresso car aucune chambre n'était prête, à trois heures de l'après-midi...

J'ai patienté en regardant sa queue se balancer entre deux téléphones et le registre des réservations.

Ma chambre donne sur une cour intérieure. Une vigne vierge pourpre tombe des toits, tapisse de hauts murs et vient draper une marquise ronde. Un hôtel rouge et noir où l'on ne voit personne. Pas un chat… Tant mieux.

Il faudrait que je revienne ici avec Isabelle. Elle serait intriguée par ces longs silences rouge et noir. Elle préfère les vieilles auberges de campagne, le dîner devant le crépitement d'un feu de cheminée, sur des tables nappées de blanc où l'on apporte des champignons, une soupe de potiron, des daubes de sanglier et du civet de lièvre. Des chambres avec de vieux parquets de châtaignier qui craquent, des édredons plus épais que les dormeurs, des miroirs dorés et des scènes de chasse sur les murs.

La vigne vierge lui plairait, et le bruit de sommeil d'une fontaine, la nuit, dans une cour pavée.

Tard le matin je suis réveillé par le souffle d'un aspirateur sur la moquette des couloirs ; je descends boire un café dans une espèce de chapelle déserte aux vitraux rouges qui a fait ressurgir de ma mémoire une phrase de Gide : « Je me souhaitais mélancolique ; je n'avais pas encore compris la supérieure beauté du bonheur. »

Seul, dans cet hôtel, dès le matin, je suis heureux et mélancolique. Si discrètement libre de tout. Libre d'aller rôder dans cette ville que je ne connais pas. Elle s'enroule autour d'une rivière qui glisse entre des fortifications.

Quand je dis que je ne la connais pas… J'y suis

venu en coup de vent, lorsque j'avais vingt ans, soutenir les ouvriers de Lip. Nous avions sauté durant toute une journée au bord du Doubs, dans un crachin polaire, en agitant des banderoles et en hurlant: «Lip Lip Lip, Solidarité!»

Je crois que nous n'étions même pas entrés dans la ville, tant nous étions nombreux, agités, bruyants. Je ne me souviens que des sombres fortifications qui répercutaient nos cris et de la beauté d'une étudiante qui faisait sauter près de moi sa jeunesse et sa belle poitrine.

À vingt ans, je faisais mille kilomètres pour des idées, des colères, aujourd'hui j'ai fait mille kilomètres pour acheter du fromage et oublier un chat. Un chat qui est né entre les murs d'une prison et qui y serait mort, comme tous les chats qui voient le jour entre ces hautes murailles et ne les franchissent jamais, même s'ils se font très vieux. En naissant dans l'une de ces cours, remplies de violence et d'ombre, ils prennent perpète. Ils fondent des familles dans l'ancien quartier des condamnés à mort.

Je suis libre de sauter dans un bus pour filer découvrir les ondulations vertes du Jura, les nuages qui traversent les étangs et les lacs. Libre de remonter dans ma chambre, d'allumer la petite lampe de bureau et d'écrire n'importe quoi dans mon carnet. Dormir, rêver de mots, de vigne vierge, des pas feutrés d'une femme en tailleur sombre dans ces couloirs rouge et noir.

Rêver des seins d'Isabelle, nus sous un édredon.

Ses seins si fermes, si tendus, sous la plume chaude de l'édredon.

Comme Isabelle n'était pas là, j'ai pris un bus. Un bus qui montait, descendait sans se presser dans le brouillard qui recouvrait doucement fermes, châteaux à tourelles, vaches blanches et de grands vols de corbeaux au-dessus des labours.

Le Doubs était vert, le Jura encore plus vert, le ciel de plus en plus bas. Quand les vaches sont devenues rousses, la neige s'est mise à tomber.

Je suis descendu du bus à Lons-le-Saunier. Il neigeait très fort. Les flocons étouffaient trois petites lumières orangées, de l'autre côté de la rue : Café du Chemin de Fer. Je m'y suis engouffré.

J'y suis resté jusqu'au soir. Quand la nuit est tombée, tout le Jura était blanc. Il n'y avait plus de routes, de forêts, d'étangs, de villes, plus de vaches.

J'étais seul dans la salle du café, avec un jeune père et son bébé qui dormait dans une poussette. Le jeune homme lisait Rimbaud, très gravement. Entre deux poèmes il levait la tête, regardait le sommeil de l'enfant et souriait. Il ne s'était pas rasé depuis plusieurs jours. Malgré le froid, il ne portait qu'une chemise bleue d'été et une paire de tennis.

J'avais été comme lui, il y a si longtemps, le soir je traînais dans les bistrots de Marseille avec ma fille dans un couffin. Moi aussi je lisais Rimbaud ou Genet, en la regardant dormir et le matin, dès l'aube, sans avoir eu le temps de la changer, je l'emportais dans son couffin, fumante d'urine, à l'hôpital psychiatrique où j'étais auxiliaire puis élève infirmier.

Y avait-il des crèches dans ce quartier de ruelles, d'escaliers, de linge claquant dans le ciel ? Et puis, il était cinq heures du matin. Elle avait grandi dans les couloirs de l'asile, entre les jambes des fous qui bavaient un peu sur elle mais ne lui faisaient aucun mal. Les infirmières me grondaient puis elles changeaient ma fille, trempée jusqu'au cou, en riant aux éclats. Elles nous protégeaient.

Ma fille avait cinq ou six mères vêtues de blanc, dès que nous entrions dans ce pavillon treize qui sentait le sommeil, le neuroleptique et, tout au fond du couloir, l'excrément. La température y était douce et l'odeur aurait pu être encore plus suffocante, nous surgissions de la nuit froide dans la lumière de cinq ou six mamans.

J'ai eu envie de dire quelques mots à ce jeune homme. Je n'ai pas osé. Il était peut-être très triste. Le sommeil de son enfant l'éclairait.

J'étais venu là pour trouver des chemins et filer dans les bois, les prés, marcher dans des odeurs de vaches et de feuillage. Plus aucune voiture ne passait dans la rue.

J'ai pris une chambre au-dessus du Café du Chemin de Fer. J'ai écrit quelques mots dans mon carnet et j'ai regardé la ville blanche que des lampadaires tintaient de rose.

Dans ma mémoire je revois un Jura vert et une ville rose au milieu de la nuit. Dans cette ville rose, un jeune homme lit Rimbaud en observant le sommeil d'un enfant.

Quand je me suis réveillé, le Jura était une immense meringue glacée. J'ai ouvert la fenêtre de ma chambre, le froid a giflé mon visage. Un silence de loup vitrifiait la ville. Je n'aurais pas été étonné de voir une meute de vrais loups descendre des plateaux et d'entendre sous leurs pattes craquer cette neige étincelante et gelée. Je m'éveillais dans une ville de cristal.

L'après-midi le jeune homme est revenu avec son enfant dans la poussette, il ne portait encore que sa chemise bleue d'été. Il s'est assis à la même place que la veille, a commandé un café allongé et s'est remis à lire Rimbaud, en regardant après chaque poème le visage de l'enfant. Où dormaient-ils tous les deux ? Peut-être dans la petite gare que je voyais surgir de la neige à travers les rideaux du café, de l'autre côté de la route.

Il faisait si froid dans ce coin du Jura que je n'ai visité ni la ville ni les campagnes. J'ai frotté mes mains l'une contre l'autre pendant deux jours et j'ai repris le bus. Je suis revenu à Besançon, dans l'hôtel rouge et noir.

DÉCEMBRE

Dans cette ville, lovée dans la souplesse d'une rivière, il n'avait presque pas neigé, les rues n'étaient que grasses. Malgré le froid mordant, presque toutes les jeunes filles portaient des manteaux très courts qui ne dépassaient pas de très courtes jupes noires, et des bottes de cuir à larges revers qui rendaient encore plus fines leurs jambes si sexy. Une ville d'étudiants qui m'a fait penser à Aix ou à Montpellier.

Il y a beaucoup de malice dans la déambulation de ces jeunes filles sur les trottoirs. Qui n'a pas envie de glisser sa main entre leurs cuisses si féminines? Personne n'ose. À part quelques ivrognes qui mettraient leurs mains n'importe où, pourvu que ce soit chaud. On garde les mains serrées au fond des poches, de peur qu'elles ne nous échappent. Elles n'échappent que dans les romans, les films et les rêves. Dans la rue on écrase au fond des poches les petits élans de folie. On en a les épaules douloureuses le soir.

Des milliers de jeunes filles vont ainsi, partout, la moitié du corps fragile et nu. Elles ont mis des siècles pour atteindre cette perfection désinvolte. Chaque centimètre carré de leur peau est pensé, dévoilé, dissimulé, offert, et personne n'ose en profiter. Le désir est partout, il réchauffe les ventres et les villes. On suit le mouvement gracieux de toutes ces petites lumières, on en oublie l'hiver.

Elles font des kilomètres d'une vitrine à l'autre, elles allument une cigarette, admirent leur reflet entre deux mannequins, se regardent s'éloigner en lançant leurs cheveux d'or. On fait des kilomètres les yeux rivés sur cette soie qui avance.

Les enfants lèvent les yeux vers les illuminations de Noël, les adultes les baissent, discrètement, vers d'autres scintillements.

Lent flamenco des talons aiguilles sur le pavé de ces zones érogènes dites piétonnes. On finit par acheter n'importe quoi, un cornet de châtaignes, un ballotin de chocolats, une paire de chaussettes, pour calmer nos mains et attraper quelque chose dans ce grand fleuve du désir qui roule entre des montagnes de nuit.

Dans l'hôtel rouge et noir, des couples arrivent ou repartent en faisant rouler de grosses valises en fer-blanc. Ils parlent anglais du bout des lèvres, disent OK, comme on respire. Les hommes aux cheveux gris ont souvent des catogans attachés par des rubans de couleur qui leur donnent des allures d'artistes dont ils semblent très fiers. Les femmes sont en équilibre sur des talons aiguilles, je les plains, ce doit être exténuant de voyager le corps si cambré. On les regarde passer comme de longs verres de cristal.

Quand j'avais vingt ans, les filles autour de moi jetaient soutiens-gorge et talons, elles libéraient leur poitrine, leur corps. Le désir de contrainte revient. J'aime l'écriture, c'est un combat de chaque mot entre contrainte et liberté. Rien n'est plus érotique que l'écriture.

Dans ces corridors, ces femmes écrivent de longues phrases troublantes à la pointe de leurs talons aiguilles.

Je fais semblant de lire le journal. J'observe tout ce petit monde dans cet étrange hôtel de province. Ils ne sont pas équipés pour visiter les recoins glacés du Jura, ni même les fortifications de Vauban.

Pourquoi viennent-ils ici ? Il y a quelque chose de libertin dans ces allées et venues cambrées, dans ce labyrinthe pourpre saturé de parfums. Parfois mon ventre est soulevé par une bouffée de chaleur, je viens de traverser un nuage d'*Opium*, le seul parfum que je reconnaisse, celui qu'Isabelle porte lorsqu'elle vient me voir. Il me fait plus d'effet qu'une Miss France qui se déshabillerait devant moi. Je ne vois pas pourquoi une Miss France viendrait se dénuder devant moi. C'est tellement inespéré qu'Isabelle le fasse. Lorsqu'elle est nue, son visage est encore plus beau.

Tout à l'heure, une femme élégante d'une quarantaine d'années s'est approchée de moi et m'a dit :

« Je vous vois souvent prendre des notes dans un carnet, vous allez me trouver indiscrète, vous êtes journaliste ?... Pardonnez ma curiosité, je suis la directrice de cet hôtel. »

J'ai été surpris. Je me croyais caché derrière mon journal, on m'épiait aussi. Voilà une autre complicité entre érotisme et écriture, cette observation attentive et secrète, cette concentration sur le moindre détail de la vie.

« Ni journaliste ni inspecteur des impôts, n'ayez aucune inquiétude, je me fais mon petit cinéma et votre hôtel est un décor idéal. Je suis venu ici pour oublier un chat. »

Quand on est surpris, on en dit toujours trop. On est maladroit.

Je l'ai sentie rassurée. Un très beau sourire a détendu son visage. Elle a placé ses jambes l'une devant l'autre, réuni ses mains sur sa courte jupe sombre.

« Oh, j'en aurais des choses à vous raconter, vous pourriez même en faire un roman qu'on s'arracherait. Si je n'avais pas le menu du soir à imprimer, vous tomberiez des nues... Tout ce que l'on peut voir dans un hôtel, surtout la nuit, à la réception. Et nous ne sommes qu'à Besançon... »

Elle a pirouetté en décroisant ses jambes et disparu derrière un rideau.

J'ai regretté qu'elle fasse passer le menu avant ma curiosité. Que se passait-il, la nuit, de si mystérieux à la réception ?

Un homme qui écrit dans un petit carnet, qui observe à la dérobée, est plus intrigant que n'importe quel agité, je m'en suis souvent aperçu. Les mots écrits font plus peur que ceux qu'on hurle à la tête des gens, on ne sait pas jusqu'où ils peuvent aller. Ils naissent dans le silence, voyagent dans le silence et peuvent faire s'écrouler soudain des châteaux, des carrières, de belles cités éclairées jusque-là par la paix. Souvent ils agrandissent l'amour, apaisent la brûlure des plaies, écartent les destins.

Pour oublier Baumette, j'avais choisi le bon hôtel, un théâtre d'ombres rouges.

Un instant plus tard, cette étonnante directrice m'a tendu le menu du soir, s'est penchée vers moi, m'a murmuré :

« Vous êtes mon invité, j'adore les gens qui écrivent. Depuis ce matin j'ai un nouveau chef, vous me direz ce que vous en pensez. Pour trouver quelqu'un qui ait envie de travailler, aujourd'hui, il faut se lever de bonne heure… Et ne dites pas trop de mal de mon établissement, déjà que des bruits courent. Un léger mystère, oui. Pas de scandale, on est au bord du Doubs… »

J'ai lu le menu du nouveau chef :

Assiette de saumon fumé et émulsion à l'aneth

Filet mignon de veau poêlé aux pignons de pin et au miel de lavande

Crumble aux fruits exotiques et sorbet ananas

Ma bouche s'était remplie d'eau. J'étais tombé par hasard dans le coin le plus malicieux de la ville. Cet hôtel ressemblait à une femme de quarante ans, très troublante. Une femme que l'on regarde à travers un vitrail rouge.

Le lendemain je lui ai dit :

« Gardez votre chef et votre charme. »

Et j'ai quitté l'hôtel.

J'aime observer toutes les femmes par-dessus un journal, quand je ferme les yeux je ne vois qu'Isabelle. Elle possède une lumière qui vient de très loin et que le temps n'ose pas abîmer. Une lumière qu'on ne voit qu'à l'automne, sur le clocher blond des églises, à l'instant où le soleil se pose sur la colline. Une ville d'or sur le visage d'Isabelle.

Un moment plus tard j'étais dans le train, je n'aurais pas pu rester là une heure de plus. J'avais un besoin immense de cette lumière. Le train a pris de la vitesse, nous filions vers la lumière.

Je n'avais pas fini de vider mon sac de voyage, lorsque Isabelle m'a appelé :

« Il faut absolument que tu viennes demain

à l'école, on n'a plus de Père Noël. L'employé municipal qui fait ça chaque année est malade. Tout est prêt, cadeaux, chansons, les parents sont prévenus. Tu te rends compte, la déception… J'ai des bébés de trois ans dans ma classe, tu es notre dernière chance. Demain huit heures !… Je te laisse, je surveille la récré… »

Pour Isabelle j'aurais fait le Père Noël sur la banquise, devant une famille de pingouins.

Je suis arrivé à l'école maternelle de Vinon avant le jour, avant le concierge, avant tout le monde. La rivière fumait une brume glaciale derrière les peupliers. Je n'avais pas fermé l'œil de la nuit, de peur d'être un Père Noël décevant.

La veille, les maîtresses et les aides maternelles avaient retourné tous les placards de l'école, impossible de mettre la main sur le costume du Père Noël, le carton dans lequel on le replie chaque année avait disparu.

Isabelle avait fait un saut à la Foir'Fouille de Manosque, en avait déniché un, le dernier. Lorsque je l'ai enfilé, nous avons compris pourquoi elle l'avait payé six euros.

Le pantalon m'arrivait au-dessous du genou, les manches à mi-bras, la barbe partait en lambeaux, les sourcils de coton blanc se détachaient à tour de rôle, tombaient.

Les six maîtresses qui m'avaient aidé à entrer dans ce chiffon rouge hurlaient de rire en se tenant le ventre. À tour de rôle elles couraient faire pipi.

J'avais craint de décevoir, j'étais pire que ridicule. Un clown n'aurait pas osé entrer en piste affublé comme ça. Il était trop tard pour reculer. Les maîtresses m'ont poussé dans la première classe. Elles s'étouffaient. Tous les enfants m'ont applaudi.

Ils étaient heureux de voir surgir un gros paquet rouge. La couleur leur suffisait.

Je me suis assis au milieu de trente bouches ouvertes et je leur ai raconté mon voyage dans la neige et la nuit, avec mon vieux renne, vers leur petit village. Je revoyais les plateaux glacés du Jura, les fermes et les vaches blanches.

J'ai commencé à pousser le cri du loup. Ils ouvraient tous des yeux immenses. Je me suis senti aussi rassuré que devant mon cahier. J'ai fait ce que je fais chaque jour, j'ai inventé des histoires. Des histoires de sorcières, de petits chats, de poules qu'un Père Noël rencontre sur les chemins et au fond des forêts, dans ses voyages d'hiver. De temps en temps j'étirais mon cou, lançais ma tête en arrière, et poussais le cri effroyable du loup.

Ils ne voyaient pas le costume qui m'arrivait à la moitié du corps, ils voyaient les paysages de brouillard, les fermes perdues. Ils entendaient les loups, le miaulement d'un chaton, la voix écorchée d'une sorcière penchée sur son chaudron.

Je distribuais les cadeaux que me tendaient les maîtresses et elles me poussaient vers une autre classe.

Je racontais des histoires qui font rire, qui font frémir et dans chaque classe un enfant se levait, venait vers moi et me serrait très fort dans ses bras. Il y avait dans cette étreinte un immense besoin de tendresse, un féroce besoin d'amour.

Dans chaque classe un enfant venait vers moi, me serrait de toutes ses forces. Que retrouvait cet enfant après l'école ? Le mot maman avait pour moi été le plus beau. Y avait-il des mots chez lui ? Rentrait-il dans une maison vide de mots, dans une chambre morte ?

À son âge j'attendais tout le jour pour dire le mot maman, dès que j'entrais dans notre cuisine. Ce seul mot repoussait l'hiver et la nuit.

Je le prenais sur mes genoux et je poursuivais mon histoire. Les maîtresses riaient et frissonnaient avec les petits. Je surveillais leurs yeux. J'étais heureux.

Heureux, comme lorsque ma fille avait trois ou quatre ans et que nous partions à la colline, quelques jours avant Noël, chercher de la mousse, des pommes de pin et des feuillages rouges. Nous passions la journée à installer la crèche, les guirlandes de lumière et le sapin, en buvant du chocolat au lait.

Il y a des Pères Noël qui arrivent en hélicoptère. Des pluies d'or tombent du ciel. J'étais un Père Noël à six euros. Les enfants ont besoin de belles histoires, de rêve, de tendresse et d'émotion. Ils sont comme nous, ils aiment les mots simples, les gestes simples, les regards solides. Une maison éclairée de mots.

Je changeais de classe, j'étais épuisé, j'étais heureux. Isabelle n'était pas loin, à travers ma barbe en nylon j'épiais son sourire, les petits s'accrochaient à mon pantalon. Noël me comblait.

Tout ce que je tendais aux enfants, je le recevais en plein cœur. Je recevais toute la douceur de leur émerveillement. Je regardais naître et vivre leurs rêves.

Me voici revenu chez moi pour l'hiver, après cette escapade au pays des étangs et des vaches. J'ai quitté Manosque il y a quinze jours, sous les grandes cathédrales rousses des platanes. Aujourd'hui, à quelques jours de Noël, ces hautes nefs sont trouées de lumière. J'aperçois de nouveau, de ma fenêtre, à travers les dernières feuilles, la terrasse du café, les gens et les chiens qui traversent la place.

Le mistral soulève des colonnes de feuilles rouges, comme il disperse dans les campagnes des tourbillons de braises, au-dessus d'un feu de broussaille.

Ce matin j'ai repris mon cahier, mon stylo. Il manquait quelque chose sur le bureau. Pendant des années mon chat est venu me regarder écrire, puis scruter le vide devant moi, le plus souvent le matin, ou vers cinq heures du soir. Il se couchait entre ma main et *Le Petit Robert*. Il suivait un moment, de ses beaux yeux verts, les acrobaties de mon stylo sur la page et finissait par sombrer, hypnotisé par ce mouvement minuscule.

Je sentais sa chaleur sur le dos de ma main et il devait aimer, dans son sommeil, ce léger grattement sur la feuille.

Quand je restais longtemps sans trouver un mot, le silence le réveillait. Il m'est arrivé d'écrire n'importe quoi pour qu'il se rendorme. Je craignais qu'il ne change de place et ne s'étale sur mon cahier. On n'ose pas déranger un chat qui dort, son sommeil est plus vrai que le nôtre.

Quand j'étais fatigué d'écrire et d'extraire du mur d'autres vies que la mienne, fatigué de voir tout ce qui n'existe pas, je fermais mon cahier et sortais me dégourdir sur la terrasse. Il se dressait sur ses quatre pattes raidies, arrondissait son dos et bondissait derrière moi, heureux de la petite promenade.

Baumette était devenu, au fil des années, le chat d'un écrivain, il se contentait de peu. Après le départ de ma fille à Montpellier, il s'était lentement résigné au silence, sans trop de mélancolie. Il oubliait les cavalcades frénétiques après l'école, suivait mes pas feutrés d'une pièce à l'autre, en quête d'un mot. Ensemble nous entrions dans de vastes territoires de silence, de lumière et de vent.

Deux ou trois fois par semaine quelqu'un sonne… Je n'ouvre pas. Je retiens mon souffle, comme si on pouvait l'entendre, quatre étages plus bas. Je tends l'oreille… puis je reprends ma marche bourdonnante de mots.

Je suis comme les éléphants qui écoutent avec leurs pattes, la moindre vibration. Le silence et les bruits lointains de la ville montent dans mon corps très tard dans la nuit.

Je n'ai jamais vu une telle douceur pour une fin décembre. C'est très agréable et c'est inquiétant.

Mes deux rosiers, le jaune et le rouge, sont couverts de boutons, il y en a quelques-uns sur les lauriers-roses, les chèvrefeuilles sont en fleur. À quelques jours de Noël…

Magnifique et inquiétant ! La banquise s'effrite, moi je suis en chemise au milieu de cheminées qui ne fument pas.

Je suis allé ranger mon agenda 2014 dans un tiroir avec des dizaines d'autres agendas noirs. Combien en rangerai-je encore ?… Tous les rendez-vous d'une vie sont dans ce tiroir, à côté des petits agendas de ma mère que j'ai retrouvés dans un carton. Elle ne notait que les rendez-vous chez le docteur et les fêtes de famille, d'une écriture beaucoup plus souple que la mienne qui est restée celle d'un enfant, laborieuse et un peu immature.

Je suis passé sans transition des cahiers de l'école primaire à mes premiers cahiers d'écrivain, sans la métamorphose de l'adolescence sur les bancs du lycée, puis d'une faculté. Je dessine chaque mot comme je le faisais à dix ans, dans une position studieuse, très appliquée.

Je ne montre mes cahiers à personne. Qui

pourrait imaginer, sans rire, que cette écriture d'enfant est publiée chez Gallimard, dans la si prestigieuse collection « Blanche »…

J'ai essayé de faire les « f » élégants de ma mère, ses « s » si gracieux, je n'y parviens pas. Il y a un âge pour acquérir cette liberté du trait. Quand j'ouvre mon cahier, je suis comme Souchon, j'ai dix ans.

Dès que j'en termine un, je le range et n'y touche plus. La pile s'élève dans un coin de ma chambre, sous un voile de poussière. Trente ans de voyages, de saisons, de songes devant un simple mur blanc. Sur ce mur j'ai croisé plus de gens que dans toutes les rues, les gares et les ports du monde.

J'ai oublié à peu près tout ce que j'ai écrit. Je me souviens de tout ce que j'ai lu.

Aujourd'hui ma vie ressemble à un tableau de Turner, des ciels, des paysages, de la lumière. On dit que Turner aimait peu les gens, il préférait lancer ses grands coups de lumière à travers les orages et le brouillard.

Dans ma vie il y a beaucoup de ciels et de nuages qui traversent le silence. Je regarde plus le Luberon, là-bas, dans son manteau bleu d'hiver, que la frénésie qui s'empare de la ville pour les derniers cadeaux de Noël.

Je termine l'année en marchant au bord des rivières. Je gare ma voiture près d'un pont et je pars, à contre-courant. Revenir le soir, en suivant le fil de l'eau, me paraît plus naturel, la rivière me raccompagne, j'oublie ma fatigue.

Les après-midi sont tièdes et les chemins bruissent de feuilles rouillées. Le tronc blanc des peupliers brille, l'eau étincelle à travers les branches rouges des saules, elle saute sur les galets comme des bancs de truites au ventre d'argent.

Des troncs déracinés par les orages d'automne viennent buter contre les seuils, certains ressemblent à de longs crocodiles à l'affût, dont on ne voit que le front rugueux et un œil terrifiant. Ils resteront coincés jusqu'aux torrents de boue du printemps qui arrachent de grands morceaux de rive.

Dans ces vastes trous d'eau, je regarde danser l'ample chevelure bleue des algues. J'aime cette odeur de vase et de menthe aquatique. Parfois un héron se pose sur la blancheur d'une île.

Lorsque je suis certain d'être vraiment seul, je choisis des petits galets plats et je fais des ricochets. Il n'y a pas de honte à cela mais mon épaule est un peu douloureuse. Enfant j'étais très habile à ce jeu, avec mon ami Angelo nous faisions des concours tous les jours, en comptant les ricochets. Nous pensions épater les filles avec ça, nos muscles étaient vifs et souples, notre peau cuivrée. Les rivières n'étaient pas assez larges, souvent notre galet allait finir sa course sur la rive d'en face, par de légers cliquetis, après avoir fait jaillir une guirlande de couronnes de diamants.

C'est très gracieux, cette fuite glissée sur l'eau. Je regarde s'il n'y a personne, car ma pierre coule très vite aujourd'hui, trois ou quatre piètres rebonds... Je me sens un peu ridicule et mes cheveux sont gris.

De petites cascades fument sous les ponts, au pied d'anciens moulins. Les amoureux ne viennent pas jusque-là, je ne rencontre que quelques vieux pêcheurs mélancoliques et un chien de chasse qui s'est échappé d'un chenil. Sa liberté est celle d'un enfant qui a taillé l'école et retrouve, ébloui, le bruit de l'eau et les mille petits bonds de la rivière.

Quand le soleil disparaît derrière les collines, je rebrousse chemin. Enfant je regardais par la fenêtre de notre cuisine s'éteindre le dernier rayon. J'étais persuadé que le soleil se couchait juste derrière l'école de filles. Je trouvais ça normal qu'il ait choisi les filles, ce lieu me semblait magique et protecteur. Chez les garçons, de l'autre côté du quartier, il fallait se battre tous les jours et ne jamais pleurer. On remontait en classe avec le goût du sang dans le nez et la bouche, et il fallait répéter après le maître la petite chanson des voyelles et des consonnes.

Maintenant j'ai hâte d'arriver chez moi, de retrouver mon cahier, d'allumer ma petite lampe jaune. Je suis ivre de ce vent de rivière, de ce bruit d'eau.

Écrire quelques mots chaque jour. Des petits fragments de vie qu'on ramène chez soi, dans ses yeux, sur sa peau, ses cheveux, dans la lourdeur des jambes. Les odeurs d'automne qui se dispersent lorsqu'on retire sa veste. Les mots attisent, comme un souffle puissant, les braises de la vie. Ils la font rougeoyer, brasiller, s'étendre. Ils éclairent nos jours.

Écrire c'est souffler sur tout ce qui est vivant, c'est embraser le moindre signe de vie, entendre, dans le silence, la voix secrète des choses. Inventer un visage à tout ce qu'on ne voit pas.

Devant mon cahier ouvert je revois tout, les saules rouges, les moulins et les ponts, les îles nettoyées comme des os par les courants, le soleil et le vent, le chien fou de bonheur qui se jette dans l'eau froide et en ressort plus libre. C'est toute mon enfance que je retrouve en écartant les roseaux à la pointe de mon stylo, sous le cercle jaune de ma lampe.

Prenez un stylo, dessinez le mot roseau, les yeux presque fermés, en respirant à peine, vous verrez apparaître toutes les rivières que vous avez connues et celles que vous n'avez jamais vues. Vous sentirez rouler dans votre corps les torrents glacés des montagnes et l'eau paisible de l'été qui glisse sous les noisetiers, dans une odeur tiède de melon.

JANVIER

En trois nuits l'hiver a cadenassé la ville, vitrifié les champs, brûlé mes roses. La fumée semble geler d'un coup en sortant des cheminées, dans un ciel limpide où les cloches tintent comme une lame de couteau sur une coupe de cristal.

Pour Noël j'ai vu ma fille en coup de vent. En me réveillant j'ai eu envie de la regarder, de l'inviter au restaurant, d'être seul avec elle, d'entrevoir la vie secrète de cette si belle jeune femme, les rues où elle marche, les bistrots où elle boit son café le matin, les portes impressionnantes de sa faculté qu'elle me montre la nuit, lorsqu'elle me fait visiter cette ville qu'elle aime, tous les jardins publics où elle va lire dès les beaux jours. Son enfance est à Manosque, ses amours, son avenir sont ici.

J'ai essayé d'écrire, il n'y avait rien sur mon cahier, le mot janvier était blanc, comme la campagne, le silence de ma chambre, la page, chaque mot était blanc.

Vers cinq heures, j'ai glissé une brosse à dents

dans ma poche, un peu d'argent, et j'ai roulé vers Montpellier.

J'aime bien surgir chez elle et l'emmener tout de suite au restaurant, son bras serré sous le mien, son joli sourire d'enfant si près de ma joue.

Un homme était assis sur le pas de sa porte, la tête enfoncée dans les épaules, le col de sa veste fermé dans son poing.

J'ai sonné plusieurs fois… Personne. J'aurais dû l'appeler de Manosque. C'est ce que j'ai fait. Elle a répondu tout de suite. En général je tombe sur la messagerie.

« Je suis devant ta porte, poussin !

— Ma porte ?… À Montpellier ?…

— Oui, chez toi.

— Je suis à Sète, papa, dans un concert… Tu aurais dû… »

Il y avait autour d'elle un vacarme inhumain, nous étions obligés de hurler.

« Tu rentres dormir chez toi ?

— Pas avant une heure du matin ! Ça commence à peine !

— Régale-toi ! Je vais aller manger un morceau !… À une heure devant ta porte !

— Tu vas te geler, papa, il fait moins cinq !

— Alors sois là à moins dix ! »

L'homme n'avait pas bougé, il regardait ses pieds, les genoux soudés à sa poitrine. Je lui ai dit : « Vous aussi vous attendiez quelqu'un qui est au concert ?

— Il y a dix ans que je n'attends plus personne,

a-t-il grommelé dans un cou qu'il étranglait, regardez tous ces beaux appartements chauffés, ces lumières chaudes et le froid glacial de cette rue. J'attends l'été. »

Il n'avait pas besoin de lever les yeux pour les voir, ces appartements dorés. Je l'avais pris pour un amoureux qui poireaute, c'était un SDF. Un amoureux aurait eu au moins un manteau, il n'avait que sa veste sur son corps, qu'il tentait de rendre le plus petit possible.

« Vous dormez où par un froid pareil ? »

Il a un peu levé les yeux vers moi, sans découvrir son cou.

« Dormir ?... Allez-y, faites le 115... Les gens n'appellent plus le 115, parce que les gens du 115, c'est malheureux, leur répondent chaque fois : "Il n'y a plus de places, il n'y a plus de places, il n'y a plus de places..." À Montpellier il y a un problème de places. Allez-y, faites le tour de la ville, de la rue de la Loge au Corus, de la gare aux Arceaux, des types qui dorment dehors il y en a partout ! Le 115 vous renvoie vers la Croix-Rouge et la Croix-Rouge, ils n'ont que trente-cinq places. La Croix-Rouge elle est au bout, du bout, du bout. Ils récupèrent toute la misère que le 115 ne peut pas gérer, ils font leur taf, c'est déjà beaucoup. »

Cet homme n'avait pas plus de trente-cinq ans, il s'exprimait bien, n'était pas ivre. Il ne m'avait pas écarté. Parler le réchauffait.

« Et pour manger, c'est dur ?

— À Montpellier on mange. On mange bien, très bien. Des distributions alimentaires il y en a toute la semaine. Il y a des plans pour manger, ce n'est pas le souci. Il y a l'ordre de Malte, un ordre hospitalier qui existe depuis longtemps. Avant il y avait les poubelles, maintenant il y a une loi, ils mettent de la javel dans les poubelles.

— Vous êtes de Montpellier?

— Non, avant j'étais à Marseille. J'ai fait des études d'ingénieur, j'ai mon diplôme, énergies renouvelables. Pendant cinq ans j'ai envoyé des CV partout, des centaines de CV. J'ai eu trois entretiens, personne ne m'a rappelé. Un jour je n'ai plus eu la force d'envoyer quoi que ce soit… Ça fait sept ans que je suis dans la rue. J'ai oublié tout ce que j'avais appris, je ne connais que les gens de la rue… C'est un petit monde, tout le monde se connaît. Vous avez les trafiquants, les sans-papiers, ceux qui vendent du hasch, des cigarettes, de l'herbe. Le sans-papiers, lui, est vraiment dans la merde. Même dans la rue il y a une hiérarchie, le sans-papiers est tout en bas, dans l'insécurité. »

Il avait baissé la voix pour me parler de ces fantômes, il surveillait le coin de la rue.

« Vous ne pouvez pas dormir assis là… Il y a bien des squats dans cette ville, des trucs inhabités? Des bureaux fermés?

— Vous me faites rire… J'ai eu une tente dans un terrain, loin, loin de Montpellier. Je ne saurais même pas y retourner, ils ont dû construire.

Plus on construit ici, plus il y a des gens dehors… Plus il y a d'argent, plus il y a de pauvres ! Dans les jardins publics, faut pas rêver. Ne me parlez pas des squats, c'est plein de toxicos, de vendeurs de Subutex, la Comédie, l'Esplanade, c'est que ça. Les squats j'ai essayé… Je préfère dormir là, ce sont des porcheries, des seringues partout, des bouteilles explosées, des bagarres, la police tous les soirs. C'est l'asile de fous le squat !… Depuis sept ans j'ai oublié mon métier, la rue je la connais par cœur. Allez-y, faites le 115, ils n'ont pas de solutions ! Personne n'a de solutions, ils nous proposent une couverture…

— Vous pourriez au moins aller à la Croix-Rouge, j'imagine que c'est chauffé ? »

J'étais depuis vingt minutes dans cette rue polaire, mes pieds étaient déjà gelés et je serrais, comme lui, mon col sous mon menton.

« La Croix-Rouge ?… Tu mets tes chaussures sous le matelas, tu te mets dessus et tu ne bouges plus de la nuit. Si tu vas aux toilettes, tu repars pieds nus le lendemain matin. Ils te volent même ce que tu n'as pas. À Saint-Vincent-de-Paul, le week-end, ils ont un chenil, les chiens hurlent toute la nuit, même les voisins ne dorment plus. Vous croyez que je suis là par plaisir ? Puisque vous avez un téléphone, allez-y, faites l'expérience par vous-même, ça vaut le coup d'œil, faites le 115 ! »

Il y tenait vraiment à ce que je fasse le 115. Je pensais à ma fille qui termine ses études, aux CV qu'elle aurait à envoyer partout. Cet homme n'était pas beaucoup plus vieux qu'elle, sa vie était finie. Hier il était encore un enfant, sans doute très beau, comme tous les enfants, son avenir était de passer la nuit sans mourir de froid. Seul.

Partout au-dessus de nos têtes, les fenêtres des beaux appartements blonds brillaient. Quelques mètres au-dessus de nous, chacun devait se sentir protégé, heureux. J'observais cet homme recroquevillé. Un ingénieur... Les gens nous émeuvent quand on imagine à leur place ceux que nous aimons. Ma fille avait sa petite chambre au-dessus, qui s'éclairerait tout à l'heure, deux ou trois manteaux. Elle aurait bientôt un diplôme et un jour je ne serai plus là. Qui veillerait sur elle ?

J'ai dit à ce pauvre homme transi, parce que je pensais à ma fille :

« Il y a un restaurant, spécialités vietnamiennes, dans une petite rue derrière, ma fille ne rentrera pas avant minuit, si ça vous dit de manger quelque chose de chaud... Vous m'apprendrez des trucs sur Montpellier que je ne connais pas. »

Il a eu beaucoup de mal à déplier son corps, chacun de ses muscles était raide de gel.

Nous ne sommes ressortis qu'après minuit du Thanh Long, tant ce qui nous attendait dehors était féroce, la température avait encore baissé.

Pendant le repas j'avais appris qu'il avait grandi à Marseille, comme moi, et qu'il s'appelait François. Il m'a serré la main et je ne sais même pas où il est allé dormir. Il a disparu dans une ruelle qui filait vers la gare. On voyait luire plus bas les rails du tramway.

Les lundis matin sont silencieux. Je peux entendre un chien aboyer dans les collines. La librairie restera fermée sous mes fenêtres et les coiffeuses ne se poseront pas, deux ou trois fois dans la journée, autour de la petite table ronde devant leur vitrine, pour boire un café qu'elles vont chercher à La Barbotine ou à L'Imprévu.

Vers neuf heures, pourtant, un jeune homme aux cheveux bouclés, très sombres, est venu s'installer devant la fontaine. Quand je dis s'installer… Il a rempli d'eau savonneuse une bassine en plastique et à l'aide de deux baguettes reliées par deux cordons de longueurs différentes, il s'est mis à faire d'énormes bulles.

Il trempait les cordons dans l'eau mousseuse, puis tournait lentement sur lui-même. De merveilleuses bulles se formaient, grandissaient, flottaient à la pointe de ses baguettes. On voyait l'arc-en-ciel trembler dans chacune de ces bulles traversées par le premier soleil.

Durant toute la journée il a répété ce geste gracieux. Il plongeait les cordons dans la bassine et façonnait en dansant ces formes étranges, irisées de violet, de rouge, de jaune, de vert, d'indigo…

Chaque fois que je m'approchais de la fenêtre, il était là. Il poursuivait sa valse lente et solitaire. Il avait posé sur le goudron un petit panier d'osier pour récolter quelques pièces de monnaie. Nous étions lundi, personne ne traversait la place. Notre ville est morte le lundi. Le panier est resté vide.

Lorsque le soir a glissé le long des façades, obscurcissant d'abord le parvis de l'église romane puis la boutique de robes, il restait là. Il s'amusait. Insatiable de beauté. Il suivait en souriant l'envol de ces fragiles oiseaux. Si l'argent l'avait tant soit peu intéressé, il serait venu un samedi matin, jour de marché, nos ruelles sont noires de monde ; un mercredi, quand les enfants viennent à l'heure du conte, à la médiathèque. Non, ces formes seules le comblaient, ici, près d'une fontaine.

Quand la place a été pleine de nuit, les bulles étaient devenues immenses. Les six lampadaires y jetaient mille étincelles rouge et or. Il dansait. Ce jeune homme bouclé était un poète et un sorcier. Un enfant. À chaque heure du jour il avait inventé la lumière, sculpté les couleurs.

Je n'ai pas éclairé mon appartement. Je suis resté dissimulé dans la pénombre, derrière ma fenêtre. Comment se serait-il douté que quelqu'un l'observait, depuis le matin ? Que ce rêve d'enfant se retrouverait peut-être un jour dans un livre ?

Moi aussi j'essaie de transformer la lumière à la pointe de mon stylo. Les mots m'éclatent souvent sur le nez, dans cet infini lundi de l'écriture.

Je ne l'avais jamais vu par ici. D'où vient-il ? Je l'ai appelé l'homme aux sept couleurs.

Nous venons de vivre trois jours de sang, trois jours de cauchemar, trois jours de haine. Le monde s'éveille face à trois mots : « Je suis Charlie. » Qui est Charlie ?...

Dix-sept personnes assassinées. Trois fanatiques abattus... Où est Charlie ?

Des millions de gens ont surgi dans les rues, ils sortaient de nulle part. Ils avaient besoin de douceur, de tendresse. Ils n'ont posé aucune question. Personne encore n'a posé la question du bien et du mal, tout le mal est dans cette question.

Il y avait dans chaque regard un immense besoin de justice, de paix. Un immense désir d'écarter le sang. Un masque blanc était plaqué sur chaque visage.

Ils avaient traversé de longues heures cruelles. Une marée humaine a envahi les rues. Elle sortait du grand désert de la sidération.

Demain, ceux qui possèdent la vérité, les orateurs, les hommes de pouvoir, les petits malins de la sémantique, nous expliqueront les racines du mal… Je voudrais dire dans ce cahier tout le malaise que je ressens aujourd'hui, dire avec mon stylo quelques mots sur les racines de l'injustice. Les racines de l'humiliation.

Il n'y a pas Charlie d'un côté, le prophète de l'autre ; l'obscurité face à la lumière. Il y a des enfants qui grandissent où ils peuvent, comme ils peuvent. Personne ne choisit de naître dans la cité du bien, dans la ville du mal.

J'ai grandi dans un quartier populaire de Marseille, tout ce que je suis devenu est dans ces quelques rues, j'en connais l'odeur, les voix, la lumière. La détresse a balayé l'insouciance de notre jeunesse.

Je vais, depuis plus de vingt ans, partager un café, quelques mots, un livre avec une poignée d'hommes, dans deux ou trois prisons autour de Marseille. Je sens monter partout la misère, les cris de haine, la peur. Personne ne choisit la haine, elle grandit en nous, inexorablement nous pousse vers le sang.

Chaque semaine, en buvant un café avec ces jeunes égarés dans le béton, entre deux miradors, je leur dis : « Posez vos calibres, prenez un stylo. » Ils ont vingt ans, trente ans, ils viennent tous des quartiers oubliés, des cités de poussière et de goudron qui entourent les villes. Des jeunes sans mémoire, sans mains, sans rêves. Des jeunes qui n'existent pas. Nike ou Adidas sur le dos ne remplacent pas des rêves, des mains, une mémoire.

Le soir, sur tous les écrans, je vois s'étaler une élite arrogante, étincelante, satisfaite. Une élite qui s'est reproduite, comme la misère se reproduit ; des élus de naissance, deux ou trois quartiers dorés de Paris, face à la longue obscurité de toutes les périphéries de béton, où les carcasses de voitures calcinées remplacent les galeries d'art, la drogue les livres, les kalachnikovs les pianos à queue, la haine la tolérance, la vulgarité le joli accent convenu du nombril si propre de Paris.

C'est si facile de parler de tolérance lorsqu'on possède tout, de donner des leçons de tolérance la bouche pleine de petits-fours.

Les racines du mal… Il y a un banquet, ce sont toujours les mêmes qui sont autour de la table, sous des lustres d'or. Alors, de temps en temps, ceux qui regardent renversent tout.

Les jeunes que je retrouve chaque semaine s'expriment avec l'accent de la drogue, du désarroi, du crime. L'accent de la haine. Quelques faux imams leur disent : « Vous êtes la poussière et la boue, vous n'avez pas de place ici. Prenez les armes, faites éclabousser le sang ! Vous aurez une vraie famille, la gloire, vous entrerez en héros au paradis. »

Je leur tends un stylo, les imams le paradis…

À dix-neuf ans, je me suis retrouvé par excès de vie et d'insouciance dans une prison militaire. Durant six mois j'ai croupi dans une cellule glacée, sur les bords de la Meuse. Je venais des quartiers pauvres de Marseille. Je ne connaissais rien. Dans la cellule à côté de la mienne, il y avait un insoumis qui possédait quelques livres. Un tiers-mondiste... Personne ne lisait dans cette prison, sauf lui. Toute la journée il lisait. Les autres gueulaient.

Dans l'étroite cour de promenade, où nous tournions, il m'a dit : « Tu n'existes pas, tu seras toujours de la poussière. Il faut partir rejoindre Ernesto Guevara, combattre l'injustice les armes à la main. Tu as commencé ta vie en cellule, tu la finiras à l'usine ou en prison. »

Ce type me proposait l'aventure et la justice. J'avais dix-neuf ans, un cœur pur, le besoin d'exister. Je tournais avec Rimbaud dans cette étroite cour que le soleil ne voyait pas.

Lorsque Che Guevara fut abattu, dans la forêt bolivienne, sa photo circula dans la prison, l'aumônier avait fait entrer en douce *Le Nouvel Observateur*. Il était jeune et criblé de balles. Je compris ce que voulait me dire le type de la cellule d'à côté. Le Che se battait peut-être pour moi.

Dix jours plus tard, je m'évadais. Je désertais. Je m'arrachais de la nuit vers la lumière, par-dessus les serpentins de barbelés.

Sur le port de Marseille, je demandai s'il y avait un bateau qui partait pour l'Amérique latine. Il y en avait un qui partait pour la Corse, une heure plus tard. Les gendarmes étaient à mes trousses. J'escaladai l'échelle de coupée.

Une semaine plus tard, j'accrochais des manteaux dans une boîte de nuit de Bastia… Le corps du Che avait disparu.

Lorsque j'ai vu tous ces morts, il y a trois jours, j'ai repensé à ma jeunesse. Moi aussi j'avais été un petit délinquant, j'avais fui l'école à seize ans, vécu en vendant des pièces détachées de motos, des objets volés, un peu de cuivre… Les barbus n'existaient pas. Dans les prisons, même militaires, on rencontrait au milieu des voyous des types qui vous permettaient d'exister.

Malraux était parti pour l'Espagne, repousser l'injustice ; j'aurais pu partir pour l'Argentine, la Bolivie, le Venezuela, partir créer un nouveau Vietnam.

Les jeunes perdus d'aujourd'hui sèment la mort pour aller au paradis. Ils ont eu la malchance de naître dans le mauvais quartier, de rencontrer dans une cour de prison un ange de la mort.

La vérité n'est pas dans les abbayes, les temples, les tables de la Torah ou les feuillets du Coran. La vérité n'existe pas. Elle est un peu partout dans la justice, la tendresse et la vie.

En m'éveillant, je me suis souvenu ce matin de la phrase de Nietzsche : « Le pire ennemi de la vérité, ce n'est pas le mensonge, c'est la conviction. » Tous ces morts pour d'aussi bêtes, d'aussi absurdes convictions.

Je continuerai à aller dans les prisons avec un café, un livre, quelques mots, et je leur dirai : « Posez vos calibres, prenez un stylo. » Tracez, comme je le fais chaque jour, un chemin singulier, évadez-vous avec des mots, construisez votre liberté, inventez chacune de vos émotions, fabriquez de la vie, dessinez les saisons. Écrivez le mot gare et montez dans un train qui n'existe pas.

Ne respectez pas les donneurs de leçons, ne vous soumettez pas aux professeurs de morale. Soyez insolents ! Soyez audacieux ! Soyez vivants ! Ne respectez que la vie ! Créez votre banquet !

Il y a eu tous ces morts... Personne ne naît monstrueux. Il y a des quartiers, des banlieues sauvages, des territoires sauvages qui élargissent en nous, à chaque pas que nous y faisons, l'état sauvage.

Chaque jour nous agrandissons la violence sur nos petits écrans. Nous nous sommes réveillés ce matin avec un immense besoin de tendresse et de douceur.

À dix-neuf ans j'ai adoré le Che, à trente ans Don Quichotte. Le premier combattait l'injustice dans les forêts, l'autre dans ses songes. Tous les deux moururent vaincus, écrasés par la réalité de l'homme. Un homme égoïste et généreux, abject et sublime. Nous avons tous, dans nos vies ou dans nos rêves, des instants monstrueux, des recoins innommables. Aucun d'entre nous ne peut vivre sans beauté.

FÉVRIER

J'ai laissé le vacarme s'éloigner, comme les nuées de braises qui fusent vers le ciel au-dessus d'un feu, hésitent, s'éteignent, retombent en cendre, doucement, et recouvrent le sol d'une neige grise.

J'aurais voulu faire un livre sur le silence, remplir ce cahier de silence, dessiner des mots de plus en plus silencieux, comme on entre dans l'eau des rêves.

Je n'ai jamais ressenti, à travers les saisons de ma vie, un tel besoin de silence. Dans ce cahier j'ai voulu parler d'un libraire, de mon chat, de quelques hommes perdus, parler de la lumière des collines, du visage d'Isabelle, de la douceur des chemins les après-midi d'automne, de cette petite table où j'invente la tendresse, en écoutant derrière la vitre les voyages du vent.

Après tout ce fracas, cette stupeur, je n'ai faim que de douceur et de silence. J'aime les renards, les forêts, les oiseaux. Dans les villes je suis plus prudent, plus inquiet.

Sur tous les chemins je cueille des petits éclats de lumière. Je marche et je cueille la beauté. Ceux qui font couler le sang n'ont pas rencontré la beauté. Je ne les condamne pas, je les plains.

Le béton rend méchant. Nous avons besoin du bruit des feuilles sous nos pas, de l'odeur du genévrier, du buis, de la danse de l'eau sur les pierres qui affleurent autour des vieux moulins.

Il faut partir au milieu des arbres et regarder. Partir à l'heure où pâlissent les clochers. Voir s'allumer à l'est les grands oiseaux verts du ciel, dans l'encre de Chine des nuages.

Lever les yeux vers la cime ocre-rouge des pins. Traverser des forêts de chênes, d'ifs, de hêtres, d'érables, de tilleuls et de sorbiers. Entrer, dès les premiers rayons, dans ces cathédrales de lumière, pour oublier l'odeur métallique de la haine et du sang.

Caresser en passant, du bout des doigts, l'écorce dure des chênes, la peau douce des bouleaux et des jeunes peupliers. Pénétrer dans les forêts endormies sous la chaleur de l'été, les clairières pourpres d'octobre, les étroits vallons que janvier peuple d'ombres glacées dès trois heures de l'après-midi.

Longer des champs de pierres et de lavande, filer d'amandier en amandier vers de sonores éboulis où ne se risquent que les sangliers. Retrouver une route qui s'ennuie, s'endort dans un virage.

Traverser des hameaux déserts, contourner

des châteaux habités par des morts. Faire hurler un chien dans la cour d'une ferme. Enjamber les troncs pourris des pins que les tempêtes ont arrachés et qui exhibent les mains ouvertes de leurs racines.

Déboucher sur un champ où le vent froisse les manuscrits desséchés d'un vieux maïs. Déranger trois corbeaux qui s'éloignent en grinçant. Franchir d'un bond les mille ruisseaux qui font leur vie dans les prairies, comme des petits serpents de lumière.

Voir venir de la mer les grands orages noirs. Courir s'abriter sous un porche de pierre, la tôle rouillée d'un appentis adossé à un hangar qui sent l'huile de tracteur, le raphia et la poussière.

Repartir à travers des bois trempés qui fouettent d'eau votre visage. Rentrer à travers quelques champs que la lune blanchit comme s'il neigeait. Marcher en rêvant et cueillir partout la beauté.

Il m'arrive d'aller traîner dans les quartiers où j'ai grandi, aux portes de Marseille. Je cherche des impasses, des jardins, de lointains rendez-vous, un petit cinéma où l'on guettait, dans l'obscurité, le visage clair des filles, une bouche au goût de chewing-gum. Je ne croise que des colosses gris qui aiguisent le vent.

Quand je suis au milieu des forêts, au bord des rivières, dans l'or des collines, je ne suis jamais seul. Je pense aux yeux affûtés des renards, à la fouine au jabot de neige, aux implacables mâchoires du brochet, à toutes ces proies, ces prédateurs, cet équilibre, cet éclaboussement de vie.

Nous avons inventé l'injustice et la haine, construit de splendides palais que personne n'habite et qui appellent le sang.

Il est cinq heures du matin. Je viens de me réveiller au milieu d'un rêve :

« J'arrive la nuit dans le village de mon enfance, toutes les façades ont été refaites, les portes sont fermées. Qui habite ici maintenant ? Le village dort. Je reviens après des années. J'ai besoin de ma mère. Notre porte aussi est fermée. Est-ce que ma famille vit encore là ?

« Je frappe du plat de la main. La porte s'ouvre. Je traverse le petit vestibule où sont accrochées nos vestes. Une odeur de salpêtre et de melon monte de la cave. J'entre dans notre cuisine. La lampe est allumée. Sur la table ronde il y a du houx, du feuillage. Ma mère est debout près du gaz, où je l'ai toujours vue. Rien n'a bougé. Elle me sourit tendrement comme si je sortais de la chambre. Je ne lui ai pas donné de nouvelles depuis des années et elle me sourit. Elle ne dit rien. Elle porte sa veste de coton rouge sur un chemisier blanc. Je prends son petit corps dans mes bras et je pleure. Je ne peux plus la lâcher, plus m'arrêter de pleurer.

« Pourquoi l'ai-je tant fait souffrir pendant toutes ces années ? Tout ce silence ? Elle m'a attendu. Sa porte est restée ouverte, même la nuit. Je sens son petit corps si heureux contre le mien, ce corps fragile qui m'attend depuis des années et qui pleure de bonheur. »

J'ai été réveillé par les pleurs de ma mère au fond de ma poitrine, comme elle recevait dans la sienne, jadis, la secousse des miens.

Le jour, ma mère est morte. La nuit les portes s'ouvrent et les morts sont vivants. Je fais ce rêve souvent, presque toutes les nuits, parce que j'ai chaque jour besoin de voir ma mère, d'être près d'elle, comme il y a vingt ans.

Elle est debout près du gaz ou de l'évier. Combien de fois m'a-t-elle dit : « Allume le gaz, baisse le gaz, aide-moi à essuyer la vaisselle, donne un coup d'éponge sur la toile cirée. » Ces mots me manquent et l'odeur de toutes les herbes qu'elle allait ramasser dans les collines, par tous les temps.

La nuit je la serre dans mes bras, le jour je la cherche dans les collines. Quand j'allume le gaz je pense à elle, toujours debout dans notre cuisine, si heureuse de nous voir revenir avant la nuit.

Certains seront lassés que je parle encore de ma mère, à mon âge. Comment ne pas parler de ce qui est si profond, si grand, si indestructible ?

Plus grand que tout ce que j'ai connu. Si simple, si puissant. Tout me semble, autour de nous, de plus en plus fragile, éphémère.

Je ne choisis pas mes rêves, ils m'apportent ce qui me manque le plus.

Enfant, dans les pensions et les tristes colonies de vacances, j'attendais ma mère, tous les jours. Elle était vivante et elle ne venait pas. Maintenant elle est morte et elle vient chaque nuit.

DU MÊME AUTEUR

Aux Éditions Dénoël

LES CHEMINS NOIRS, 1988 (Folio n° 2361). Prix Populiste 1989

TENDRESSE DES LOUPS, 1990 (Folio n° 3109). Prix Mottart de l'Académie française 1990

LES NUITS D'ALICE, 1992 (Folio n° 2624). Prix spécial du jury du Levant 1992

LE VOLEUR D'INNOCENCE, 1994 (Folio n° 2828)

OÙ SE PERDENT LES HOMMES, 1996 (Folio n° 3354)

ELLE DANSE DANS LE NOIR, 1998 (Folio n° 3576). Prix Paul Léautaud 1998

ON NE S'ENDORT JAMAIS SEUL, 2000 (Folio n° 3652). Prix Antigone 2001

L'ÉTÉ, 2002 (Folio n° 4419)

LETTRE À MES TUEURS, 2004 (Folio Policier n° 428)

MAUDIT LE JOUR, 2006 (Folio n° 4810)

TU TOMBERAS AVEC LA NUIT, 2008 (Folio n° 4970). Prix Nice Baie des Anges 2008 et prix Montecristo 2009

Aux Éditions Gallimard

LA FIANCÉE DES CORBEAUX, 2011 (Folio n° 5476). Prix Jean Carrière 2011

SOUS LA VILLE ROUGE, 2013 (Folio n° 5852)

JE ME SOUVIENS DE TOUS VOS RÊVES, 2016 (Folio n° 6390) Grand Prix littéraire de Provence 2016

LES VIVANTS AU PRIX DES MORTS, 2017

Tous les papiers utilisés pour les ouvrages des collections Folio sont certifiés et proviennent de forêts gérées durablement.

*Composition Entrelignes
Impression Novoprint
à Barcelone, le 2 janvier 2023
Dépôt légal : janvier 2023
1er dépôt légal dans la collection : octobre 2017*

ISBN 978-2-07-273392-5 / Imprimé en Espagne

593096